Jean-Pierre Marguénaud

L'expérimentation animale, entre droit et liberté

Conférences-débats organisées par le groupe Sciences en questions en 2010 à Rennes, Agrocampus Ouest, 3 mars, à Toulouse, Inra, 1er juin, à Clermont-Ferrand-Theix, Inra, 3 juin et à Tours, Inra, 15 juin.

Éditions Quæ – RD 10, 78026 Versailles Cedex

La collection « Sciences en questions » accueille des textes traitant de questions d'ordre philosophique, épistémologique, anthropologique, sociologique ou éthique, relatives aux sciences et à l'activité scientifique. Elle est ouverte aux chercheurs de l'Inra ainsi qu'à des auteurs extérieurs.

Raphaël Larrère, Catherine Donnars
Directeurs de collection

Le groupe de travail « Sciences en questions » a été constitué à l'Inra en 1994 à l'initiative des services chargés de la formation et de la communication. Son objectif est de favoriser une réflexion critique sur la recherche par des contributions propres à éclairer, sous une forme accessible et attrayante, les questions philosophiques, sociologiques et épistémologiques relatives à l'activité scientifique.

Texte revu par l'auteur avec la collaboration de Raphaël Larrère, de Florence Burgat et de Marie-Noëlle Heinrich.

 ISSN : 1269-8490 ISBN : 978-2-7592-0949-1

Préface

Lorsque je demandai à Jean-Pierre Marguénaud s'il existait des éléments suffisamment forts et déterminants pour l'avoir conduit à choisir un sujet de thèse qui ne pouvait que le discréditer de la manière la plus sûre dans ses prétentions à une carrière universitaire, il me répondit qu'il avait appris à écrire dans un village appelé Bêthe, situé dans le Limousin dont il est originaire. Fils d'éleveur, vivant à la campagne, aucune bête ne lui était donc étrangère : vaches donnant (aussi) du lait, animaux engraissés pour la boucherie, poules et lapins consommés en famille, sans oublier le porc, chats et chiens de la maison, enfin.

Soutenir en 1987 une thèse sur *l'animal en droit privé*, publiée sous ce titre en 1992 aux Presses universitaires de France, constituait un pari assez fou. Pourtant, ce qui pouvait passer pour un chemin de traverse, un impardonnable égarement reçut les honneurs universitaires, du fait de la solidité de la technique juridique dont l'auteur faisait preuve. Madame le professeur Michelle Gobert, qui fut durant trente ans l'une des figures les plus marquantes de l'université de Paris II, ne note-t-elle pas dans l'avant-propos au volume co-dirigé par Jean-Pierre Marguénaud et Olivier Dubos sur *Les animaux et les droits européens* (Paris, Pedone, 2009) qu'à l'époque où elle fut appelée au jury de thèse de notre conférencier, elle avait été « passablement étonnée » par le thème de la recherche qui lui semblait friser la « provocation » ?

Force est de constater que Jean-Pierre Marguénaud a fait école et ouvert une voie de recherche inédite : l'étude du droit animalier. En attestent ses publications sur la personnalité juridique des animaux, le statut de l'animal dans le nouveau code pénal ou encore la protection juridique du lien d'affection envers un animal. En attestent aussi les travaux et thèses d'étudiants juristes qui, de plus en plus nombreux, se font sous sa direction à la faculté de droit et des sciences économiques de Limoges OMJ

(Observatoire des mutations juridiques) où il est actuellement professeur de droit privé et de sciences criminelles.

Le développement de ce thème parmi les juristes l'a convaincu de la nécessité de donner au droit animalier un lieu de réflexion propre. C'est dans cet esprit qu'il a fondé la *Revue semestrielle de droit animalier*, épaulé dans cette entreprise par le doyen Jacques Leroy et moi-même. Le premier numéro, paru durant l'été 2009, consacre son dossier thématique à l'expérimentation animale. Cette revue est disponible en ligne sur le site de la faculté de Limoges.

Il est un autre champ de recherche qui distingue les travaux de Jean-Pierre Marguénaud, et qui est lui aussi mal vu par les juristes. Il s'agit des droits de l'Homme. Il apparaît en effet que ceux-ci, lorsqu'ils cessent d'être théoriques et illusoires pour devenir concrets et effectifs, sont accusés de ruiner la cohésion de la société en la pulvérisant de droits subjectifs et surtout de l'emporter sur les lois adoptées par les représentants du peuple souverain.

À première vue, tout semble opposer les droits de l'Homme et les droits des animaux, que l'on ne confondra pas avec le droit animalier qui désigne, on l'aura compris, le corpus de textes du droit positif relatif au statut des animaux, l'ensemble des réglementations régissant les utilisations auxquelles ils sont soumis, et la jurisprudence en la matière. Cependant un même souci relie aux yeux de Jean-Pierre Marguénaud ces deux champs : mettre le droit au service de la lutte contre la souffrance sous les multiples formes qu'elle revêt ici et là. Jean-Pierre Marguénaud est l'auteur de *La Cour européenne des droits de l'Homme* (2010, Dalloz, 5e édition), co-auteur de *Les Grands Arrêts de la Cour européenne des droits de l'Homme* (2008, PUF, 5e édition) et du *Dictionnaire des droits de l'Homme* (2008, PUF).

Jean-Pierre Marguénaud a pris plusieurs fois la parole à l'Inra. La première fois, ce fut dans le cadre des travaux d'un groupe de recherche sur « les catégories du vivant dans la dynamique des connaissances » que Bernard Hubert, Joseph Bonnemaire et moi-même animions. Il y présenta un exposé sur « L'animal face aux catégories juridiques » en février 2007. Il participa ensuite au colloque « Comment penser le comportement animal ? » organisé sous ma direction, dont la seconde session se tint au siège de l'Inra, en avril 2008. Plusieurs centres de l'Inra (Rennes, Toulouse, Clermont-Ferrand-Theix et Tours) accueillirent Jean-Pierre Marguénaud pour cette conférence, dont le débat qui lui fait suite dans ce livre est nourri de l'ensemble des questions qui ont été posées à l'auteur ici et là.

Florence Burgat
Directeur de recherche à l'Inra

L'expérimentation animale, entre droit et liberté

Introduction

Il est déjà difficile de mettre la science en questions. Quand il est demandé à un juriste de mettre en question l'expérimentation animale qui préoccupe si fortement, pour ne pas dire viscéralement, les scientifiques, la difficulté devient péril d'incompréhensions et de malentendus. Pour les conjurer, il convient donc de présenter d'une manière générale les juristes qui parlent de l'expérimentation animale, de définir les termes du sujet qui sera traité dans ce petit livre avant de dire quelques mots sur le contexte très particulier dans lequel il a été conçu, tenant à l'interférence de la préparation de ce qui allait devenir la directive 2010/63/UE du 22 septembre 2010.

Les juristes face à l'expérimentation animale

« Le juriste ne peut avancer dans le domaine de l'expérimentation animale sans être saisi d'effroi » écrivait, il y a une cinquantaine d'années, le doyen Roger Nerson, éminent juriste lyonnais[1]. Heureusement pour sa sensibilité, le juriste n'est pas souvent invité, aujourd'hui encore, à s'y aventurer. Ainsi, messieurs les députés Michel Lejeune et Jean-Louis Touraine qui, le 9 décembre 2009 ont déposé sur les bureaux du Sénat et de l'Assemblée nationale un rapport sur l'expérimentation animale, au nom de l'Office parlementaire d'évaluation des choix scientifiques et technologiques[2],

---

[1] Nerson R., 1963. *La condition de l'animal au regard du droit.* Paris, Dalloz, chr. p. 1.

[2] *Rapport N°1245 N°155 sur l'expérimentation animale en Europe. Quelles alternatives ? Quelle éthique ? Quelle gouvernance ?* par Michel Lejeune et Jean-Louis Touraine enregistré à la présidence de l'Assemblée nationale et à la présidence du Sénat le 9 décembre 2009.

n'ont fait figurer aucun juriste, es qualité, parmi la soixantaine de personnalités qu'ils ont auditionnées pour préparer cet important document. Pas même le professeur Étienne Vergès, membre du groupe droit et sciences, pas même la chercheuse du CNRS, Sonia Desmoulin, auteur d'une thèse intitulée *L'animal entre science et droit*[3], justement récompensée par le prestigieux prix Jean Carbonnier, qui défendent pourtant des positions particulièrement modérées, n'ont eu l'honneur d'être entendus par ces avisés parlementaires qui ont en revanche fait le meilleur accueil à de nombreux scientifiques. Peut-être ces deux brillants juristes connus pour leurs travaux sur l'expérimentation animale étaient-ils retenus ailleurs par des raisons personnelles ou professionnelles. Il ne serait pas étonnant néanmoins, que leur qualité de juriste ait prudemment conduit à les tenir délibérément à l'écart : les juristes ne sont pas les bienvenus dans les débats qui portent sur ce grave sujet. D'une manière générale, les scientifiques, qui ont souvent une tendance un peu hautaine à considérer qu'ils sont les seuls universitaires à compter vraiment et qui mettent très régulièrement un point d'honneur à demander sur un ton délicieusement ironique en quoi pourrait bien consister la « recherche » en droit, ne sont pas très enthousiastes à l'idée de voir des juristes, qui ont fini par leur imposer le principe de précaution, venir interférer dans leurs authentiques recherches. Il convient donc de remercier vivement « Sciences en questions », Raphaël Larrère, Florence Burgat et tout particulièrement Daniel Renou, d'avoir déployé des trésors d'imagination diplomatique pour permettre au juriste un peu atypique que je suis de venir dans plusieurs centres régionaux de l'Inra mettre juridiquement en questions les expérimentations animales qui s'y pratiquent.

Juriste atypique, je le suis doublement. Je le suis d'abord parce que, après avoir soutenu ma thèse relative à « L'animal en droit

---

[3] Desmoulin S., 2008. *L'animal entre science et droit*. PUAM, dont un compte-rendu a été proposé par le Pr. Michel Levinet dans le N° 1 de la *Revue Semestrielle de Droit Animalier*, 2009, p. 129.

privé[4]», j'ai consacré, et je consacre encore, les trois quarts de mes activités universitaires à la défense et à la promotion des droits de l'Homme[5]. Le pathétique argument suivant lequel les protecteurs des animaux feraient mieux d'appliquer leur énergie à l'amélioration du sort des êtres humains en détresse n'a donc absolument aucune prise sur moi. Cette spécialisation droit-de-l'hommiste fait aussi que j'hésite moins que la plupart des universitaires à me prévaloir du droit à la liberté d'expression au sens où l'entend la Cour européenne des droits de l'Homme depuis son arrêt *Handyside c/Royaume-Uni* du 7 décembre 1976. Selon cette décision cruciale, la liberté d'expression, en effet, vaut non seulement pour les informations ou idées accueillies avec faveur ou considérées comme inoffensives ou indifférentes, mais aussi pour celles qui heurtent, choquent ou inquiètent l'État ou une partie de la population : ainsi le veulent, le pluralisme, la tolérance et l'esprit d'ouverture. Si d'aventure, il arrivait que mon ton paraisse un peu ironique ou provocateur, le lecteur devra au moins être assuré qu'il est celui que j'adopte en toute conférence parce qu'il s'inscrit dans le droit-fil de la jurisprudence de la Cour européenne des droits de l'Homme. Juriste atypique, je le suis aussi parce que les positions que je défends, il faut le souligner pour ne pas provoquer d'erreurs de perspectives, ne reflètent pas l'opinion commune des juristes sur les questions animalières en général et sur l'expérimentation en particulier. L'immense majorité des juristes se reconnaît en effet dans la belle thèse intitulée *L'animal entre science et droit* qu'a soutenue et publiée Sonia Desmoulin, jeune et brillante gardienne de la bonne vieille tradition juridique française qui enferme les animaux à double tour dans la catégorie des biens.

---

[4] Marguénaud J.-P. *L'animal en droit privé*. Thèse soutenue en 1987, publiée aux PUF en 1992.

[5] Sudre V.F., Marguénaud J.-P., Andriantsimbazovina J., Gouttenoire A., Levinet M., 2009. *Les grands arrêts de la Cour européenne des droits de l'Homme*. 5e édition. Paris, PUF (Thémis droit) ; Marguénaud J.-P., 2010. *La Cour européenne des droits de l'Homme*. 5e édition. Paris, Dalloz (Connaissance du droit).

L'intitulé *L'expérimentation animale entre droit et liberté* est, bien entendu, un amical clin d'œil à celui de la thèse de Sonia Desmoulin qui, au nom du pluralisme et de l'esprit d'ouverture, collabore d'ailleurs régulièrement à la *Revue semestrielle de droit animalier*[6] que j'ai créée en 2009 avec le doyen Jacques Leroy et Florence Burgat[7]. Il convient d'ailleurs de souligner, d'emblée, l'ambiguïté de cet intitulé et par conséquent de ce sujet dont il importe de préciser les termes.

Définitions des termes du sujet

Du point de vue des juristes, il est particulièrement difficile en effet de distinguer droit et liberté. C'est peut-être parce que, en France, il y a beaucoup de facultés de droit mais pas une seule faculté de libertés... Toujours est-il que de nombreux juristes parmi les plus prestigieux utilisent régulièrement un mot pour l'autre. La principale cause de cette confusion un peu trop générale vient de ce que le mot droit a lui-même deux sens assez éloignés. Le droit, quand il est au singulier, c'est l'ensemble des contraintes auxquelles chacun est tenu, sous la menace de sanctions civiles, pénales ou administratives que l'État inflige par l'intermédiaire de ses tribunaux. C'est ce que l'on appelle le droit objectif, c'est celui qui fait peur avec son cortège de clercs, de procureurs, de sergents et d'huissiers comme on disait du temps de Boileau qui ne connaissait pas les CRS. Le droit, quand il prend le pluriel a toujours à voir avec la force étatique mais cette fois, elle se met à notre service pour la protection et l'exercice d'une de nos prérogatives de propriétaire ou de créancier par exemple. Comme nous avons tous des dizaines de prérogatives ainsi protégées, on comprend pourquoi on parle de droits subjectifs au pluriel. Parmi les droits subjectifs, les juristes

---

[6] Citée *RSDA*.

[7] Coordonnatrice du dossier thématique du n° 1 justement consacré à l'expérimentation animale où elle a exprimé un retentissant et limpide point de vue philosophique intitulé *Expérimentation animale : « un mal nécessaire »* in *RSDA*, 2009, 1 : 193-201.

distinguent des droits patrimoniaux et des droits extrapatrimoniaux[8]. Parmi ces derniers figure le droit moral qui est le droit reconnu à l'auteur par l'article L. 121-1 du Code de la propriété intellectuelle pour lui permettre de défendre l'esprit de son œuvre contre certaines formes d'exploitation. En dehors de cette acception très précise et très technique, les juristes, les juristes français en tout cas, ne connaissent pas les droits moraux. C'est une source d'incompréhension majeure avec les philosophes et les éthiciens qui, dans le prolongement de la question de savoir si les animaux sont des agents moraux ou, plus vraisemblablement, des patients moraux, parlent, eux, à toute occasion de droits moraux. Quoi qu'il en soit c'est au droit au singulier que renvoie prioritairement l'intitulé de cet ouvrage.

Quand on parle de liberté, on peut aussi jouer sur le singulier et le pluriel selon qu'elle est envisagée en général ou dans telle ou telle manifestation particulière dans tel ou tel domaine. De toute façon, la liberté renvoie à un choix autodéterminé, à une autonomie personnelle, qui permet de faire ce que l'on a décidé de faire sans se heurter, tout au moins, à la contrainte étatique. Dans ces conditions, le lecteur aura compris que, si l'on se place du côté des expérimentateurs, le sujet de l'ouvrage faisant la synthèse des conférences prononcées entre mars et juin 2010 dans les centres Inra de Rennes, Toulouse, Clermont-Ferrand-Theix et Tours, est posé à l'envers : ce n'est pas « l'expérimentation animale entre droit et liberté » qu'il faut dire mais « l'expérimentation animale entre liberté et droit » car on n'est pas parti d'un droit contraignant pour arriver à une liberté toujours plus grande, comme on pourrait le dire par exemple en matière de presse, mais d'une liberté à peu près sans bornes pour en arriver à un encadrement par le droit qui sert seulement à faire le lit douillet de l'éthique ; laquelle n'est pas du droit, même si une des grandes spécialités nationales est de faire semblant de ne pas le savoir. Je précise à cet égard que, de mon point de vue de

---

[8] Cf. Beignier B. V° droits (classification) in Alland D. et Rials S. (dir.), 2003. *Dictionnaire de la culture juridique*. Paris, Lamy/PUF. 1ère édition.

juriste, une question relève de l'éthique si et seulement si le droit a laissé à quelqu'un la liberté de choisir en conscience la solution à lui apporter[9]. Comme on l'aura déjà compris, l'éthique, qui constitue une sorte de trait d'union entre droit et liberté, occupera une place centrale dans cette mise en question de l'expérimentation animale. Aussi convient-il de préciser le sens dans lequel elle sera comprise ; même si elle ne figure pas dans l'intitulé du sujet.

La précision s'impose avec d'autant plus d'évidence que l'éthique animale, discipline d'origine anglo-saxonne, commence à recueillir un certain écho en France comme en témoigne l'ouvrage de référence de Jean-Baptiste Jeangène Vilmer[10]. Cet auteur rappelle d'ailleurs[11] qu'il convient de distinguer la métaéthique « qui dans une approche épistémologique s'interroge sur la nature et la justification de nos jugements moraux », l'éthique normative « qui cherche à déterminer si une conduite est bonne ou mauvaise » et l'éthique appliquée, « qui applique le questionnement éthique à des questions concrètes » et dont relève l'éthique animale, aux côtés de la bioéthique, de l'éthique environnementale ou de l'éthique professionnelle. L'hypothèse de travail qui sera retenue ici est celle suivant laquelle, en notre domaine, l'éthique est une forme d'éthique professionnelle grâce à laquelle les expérimentateurs sont aidés dans leurs choix, qui demeurent libres, par des personnalités désignées en fonction de leurs compétences et de leur capacité à ne pas mettre gravement en doute, sur le plan normatif, que l'expérimentation animale soit une bonne conduite.

Il reste encore à préciser le cœur du sujet, qui est compris entre droit et liberté : l'expérimentation animale. Pour bien faire,

---

[9] Cf. La jurisprudence de la Cour européenne des droits de l'Homme constitue-t-elle une source nouvelle de régulation de l'éthique des magistrats ? In : *L'éthique des gens de justice*, 2001. Textes réunis par S. Gaboriau et H. Pauliat Pulim, p. 122.

[10] Jeangène Vilmer J.-B., 2008. *Éthique animale.* Préface de Peter Singer. Paris, PUF.

[11] *Ibid.*, pp. 9 -11.

il faudrait définir expérimentation et animal. S'agissant de l'expérimentation, il est évident que le même mot désigne les réalités les plus contrastées : il n'y a aucune commune mesure entre les poneys de Nouzilly – dont le comportement est étudié dans des conditions de bien-être animal à peu près paradisiaques – et les millions d'animaux sacrifiés chaque année après avoir été soumis à des procédures invasives. De l'expérimentation douce à l'expérimentation terrifiante, toutes les déclinaisons sont possibles et il ne saurait être question de les confondre sous le feu des mêmes critiques. Ce sont donc les expérimentations terrifiantes parce qu'invasives qui seront prises abstraitement en compte, étant d'ailleurs précisé qu'il existe aussi des méthodes d'élevage ou d'abattage « terrifiantes » dont la mise en questions pourrait se faire. Quant à la question de la définition de l'animal, c'est celle qui embarrasse le plus le juriste. Il n'existe pas, en effet, de définition juridique de l'animal. La seule que l'on puisse encore retenir est celle, en forme de lapalissade, qui est fournie par le *Dictionnaire général alphabétique du droit français* de Carpentier et Frèrejouan du Saint édité par Larousse en 1896 : « On entend par animaux dans le langage du droit, tous les êtres animés autres que l'homme ». Il ne faut d'ailleurs pas s'étonner de cette imprécision car le droit éprouve toujours quelques difficultés à enfermer les évidences d'hier dans des définitions. C'est ainsi qu'il n'a toujours pas véritablement défini la vie et qu'il n'a donné une définition officielle de la mort que depuis un décret du 2 décembre 1996. Pour le droit, un animal est aussi bien un éléphant qu'un ciron, un chien qu'une puce, une abeille qu'un doryphore, un corail qu'un gorille. Il va également de soi que l'expérimentation ne les concerne pas tous de la même manière. Aussi faut-il se résoudre à les prendre d'abord en considération en fonction de leur aptitude à souffrir des traitements qu'on leur inflige. Autrement dit, le terme animal renverra ici à « tout être sensible autre que l'homme ». Cette définition n'est sans doute pas si loin du sujet, car autrement, on ne s'expliquerait pas pourquoi les scientifiques se donnent tant de mal à forger des concepts tels que ceux de nociception pour perpétuer la vieille idée cartésienne selon laquelle le cri d'un animal, à qui l'on n'a pas pensé à couper les cordes vocales, n'exprime pas plus la douleur que ne le fait le grincement d'une charrette mal graissée[12].

Droit, liberté, expérience et animal ayant été précisés, il va donc être possible de traiter le sujet « L'expérimentation animale, entre droit et liberté ». Une difficulté d'ordre méthodologique et chronologique a néanmoins influencé la manière de l'aborder.

Contexte

Cet ouvrage est bâti, on l'a dit, à partir d'une conférence itinérante organisée entre mars et juin 2010, à une époque où nul ne savait quel serait le contenu de la directive mise en chantier par les institutions de l'Union européenne pour remplacer la directive 86/609/CEE relative à la protection des animaux utilisés à des fins expérimentales ou à d'autres fins scientifiques. La nouvelle directive 2010/63/UE du Parlement européen et du Conseil européen du 22 septembre 2010 a été enfin publiée au *Journal officiel* de l'Union européenne du 20 octobre 2010[13]. Or il se trouve qu'elle désamorce une bonne partie des critiques oralement exprimées dénonçant le rôle secondaire du droit par rapport à celui de l'éthique. Dès lors, il eût été raisonnable d'écrire une version entièrement remaniée en fonction de la nouvelle réalité juridique. L'inconvénient majeur de cette solution eût été de publier un texte en complet décalage par rapport aux riches et nombreuses questions posées à Rennes, à Toulouse, à Clermont-Ferrand-Theix et à Tours en fonction des données juridiques de l'époque qui alimentent la partie « Discussion » de cet ouvrage. Dès lors, pour concilier les exigences d'actualisation auxquelles

---

[12] La directive 86/609/CEE de 1986 entendait par animal, sans autre qualificatif, tout vertébré vivant non humain, y compris les formes larvaires autonomes et/ou capables de reproduction mais à l'exclusion des autres formes fœtales ou embryonnaires. La directive 2010/63/UE qui vient de l'abroger a abandonné cette définition pour pouvoir étendre son champ d'application à certaines formes fœtales de mammifères et aux céphalopodes.

[13] L. 276/33.

tout juriste est particulièrement tenu, et le respect de l'esprit de ce cycle de conférences et de ceux qui ont su le faire naître, il a semblé préférable de transposer la méthode d'appréciation rétrospective que la directive 2010/634/UE prévoit elle-même pour certains projets. Nous verrons donc dans un premier temps que l'expérimentation animale – jusqu'à l'entrée en vigueur, le 1er janvier 2013, du cœur de dispositif de la nouvelle directive qui soumet à autorisation préalable de l'autorité compétente les projets impliquant l'utilisation invasive ou non d'un animal à des fins expérimentales ou à d'autres fins scientifiques ou éducatives – relève essentiellement de la liberté scientifique. Dans un second temps, il faudra montrer comment, à court et à moyen terme, l'expérimentation animale sera véritablement conquise par le droit.

L'expérimentation animale : domaine réservé de la liberté des chercheurs

Les scientifiques ont bénéficié, jusqu'au milieu de la deuxième partie du XXe siècle, d'une liberté absolue de se livrer à des expériences sur des animaux vivants. Depuis une trentaine d'années, la diffusion bienfaisante des idées de Russel et Burch a interposé l'éthique entre liberté et droit. En outre, la culture scientifique foncièrement favorable à l'expérimentation animale a canalisé la liberté des chercheurs dans un sens exclusivement positif puisque la liberté négative de ne pas expérimenter, autrement dit l'objection de conscience n'est toujours pas admise.

Le temps de la liberté absolue

Longtemps la liberté de pratiquer des expériences sur les animaux a été une liberté absolue qui reposait sur le syllogisme suivant, dont la vivacité est toujours impressionnante : le bonheur de l'humanité passe par les progrès de la science ; or la science ne peut progresser qu'en élargissant les connaissances par des expériences sur les animaux ; donc la liberté d'expérimenter sur des bêtes vivantes est la condition préalable à l'amélioration du sort de l'humanité, si bien que tous ceux qui se hasarderaient à critiquer l'expérimentation animale, s'exposeraient au péril d'être tenus pour de dangereux ennemis du genre humain insensibles à la souffrance des enfants malades et à leur mort prématurée par excès d'attention à la sensibilité des animaux. Ainsi justifiée, la liberté absolue des expérimentateurs est si bien ancrée dans notre culture qu'elle a triomphé en France jusqu'au 9 février 1968. En effet, les expériences échappaient en principe à la célèbre loi Grammont du 2 juillet 1850, qui punissait de quelques francs d'amende et de 1 à 5 jours d'emprisonnement les auteurs de mauvais traitements envers les animaux domestiques. Toute personne s'intéressant de près ou de loin aux animaux a entendu parler un jour ou l'autre de la loi à laquelle le général Jacques Delmas de Grammont a attaché son nom, mais on ignore le plus souvent qu'il eût été plus rigoureux de l'appeler loi Defontaine. En effet, c'est grâce à ce député[14], soucieux d'empêcher la protection donnée à l'animal de dégénérer en inquisition envers le propriétaire, que l'article unique de la loi du 2 juillet 1850 a expressément subordonné la modeste répression des mauvais traitements à la condition absente de la proposition initiale du général Grammont, qu'ils aient été infligés publiquement à l'animal domestique. Comme François Magendie, professeur au Collège de France en 1850, Claude Bernard et leurs disciples ne poursuivaient pas publiquement leurs expériences, ils ont pu y soumettre même les animaux domestiques dans la plus totale liberté de les faire souffrir atrocement sans tomber sous le coup de la loi Grammont. Lorsque, le 7 septembre 1959, un décret, dû au Garde des Sceaux Edmond Michelet, a inauguré la protection de l'animal pour lui-même en supprimant la condition de publicité des mauvais traitements sur laquelle reposait la loi Grammont – dès lors abrogée – l'expérimentation animale a été soigneusement tenue à l'écart de cette petite révolution juridique. C'est seulement quatre ans plus tard qu'une loi du 7 novembre 1963 a eu l'audace d'affirmer que serait frappé de sanctions pénales quiconque aurait pratiqué des expérimentations ou des

---

[14] Disons que c'est plutôt à cause de lui.

recherches scientifiques sur des animaux, sans se conformer aux prescriptions fixées par un décret en Conseil d'État. Or il a fallu attendre le 9 février 1968 pour que ce décret soit enfin publié. Depuis, la réglementation a été modifiée à de nombreuses reprises par des textes figurant dans le code rural, le code de la recherche, le code pénal voire le code de la santé publique qui transposent la directive communautaire 86/609/CEE du 24 novembre 1986 relative à la protection des animaux utilisés à des fins scientifiques, elle-même inspirée de la Convention du Conseil de l'Europe du 18 mars 1986 sur la protection des animaux vertébrés utilisés à des fins expérimentales ou à d'autres fins scientifiques à laquelle la Communauté (devenue Union européenne) a adhéré. Cette réglementation, tous les expérimentateurs la connaissent infiniment mieux que moi dans ses moindres détails, je l'espère en tout cas, et il n'a jamais été question pour moi de la détailler en faisant un commentaire article par article de la sous-section 3 de la section 5 du chapitre IV du titre Ier du livre II du nouveau Code rural et de la pêche maritime, ni même du chapitre unique du titre II du livre V du Code pénal. Un tel travail n'aurait d'ailleurs aucun intérêt pour aider à mettre les sciences en questions conformément aux objectifs du groupe du même nom. Ce qui pourrait servir cet objectif, en revanche, c'est d'observer que cette réglementation un peu touffue s'efforce de traduire dans la réalité la célèbre règle des 3 R « Réduire, Raffiner, Remplacer » dégagée en 1959 par Russel et Burch[15], respectivement zoologiste et microbiologiste, en s'en remettant finalement à la seule bonne volonté des expérimentateurs eux-mêmes. La règle des 3 R constitue un progrès considérable dont la mise en œuvre loyale et sincère doit inspirer le respect de tous les militants de la cause animale qui ont tout à gagner à échanger François Magendie et Claude Bernard contre William Russel et Rex Burch. Seulement, la règle des 3 R n'était pas encore[16] une règle juridique : c'était

---

[15] Russel W. et Burch R., 1959. *The Principles of Humane Experimental Technique*. London, Methuen.

[16] Cf. infra 2e partie.

un ensemble de principes pratiques nimbés de considérations éthiques et humanistes. Toute notre réglementation, aussi généreuse et audacieuse puisse-t-elle paraître, repose donc sur cette ambiguïté fondamentale : les progrès de la protection des animaux de laboratoires ne doivent pas se faire au moyen de véritables règles juridiques contraignantes reflétant les aspirations de la société dans son ensemble mais à partir de principes éthiques élaborés et imposés par les plus humanistes des représentants de la microsociété des scientifiques. Sans doute l'accumulation depuis 1968 de contraintes réglementaires pesant sur des expérimentateurs habitués à la liberté la plus absolue leur donne-t-elle l'impression qu'ils n'ont plus de liberté du tout et que le droit a tout envahi au nom de l'intérêt de l'animal. C'est inexact : sous l'empire de la directive 86/609/CEE qui sera abrogée le 1er janvier 2013, le droit se borne à mettre en place les conditions qui permettent d'éveiller les consciences à partir desquelles se font des choix éthiques.

L'avènement de l'éthique

Cette affirmation ne correspond pas à une posture intellectuelle que j'aurais malicieusement adoptée pour mieux pouvoir tenir ma promesse de heurter et de choquer conformément à la jurisprudence *Handyside* de la Cour européenne des droits de l'Homme : c'est celle à laquelle parvient mon collègue et ami le professeur Étienne Vergès selon lequel l'actuelle réglementation « rend humainement acceptable la conduite de recherche sur l'animal ». Dans un article co-signé avec Géraldine Vial et publié dans le n° 1 de la *RSDA*[17] sous le titre « La régulation des recherches précliniques : une analyse humaniste de la protection des animaux d'expérimentation par le droit et l'éthique », il constate en effet que « la mise en œuvre technique [des principes

---

[17] Vial G. et Vergès E., 2009. La régulation des recherches précliniques : une analyse humaniste de la protection des animaux d'expérimentation par le droit et l'éthique. *RSDA*, 1 : 185. En ligne sur le site de l'Observatoire des mutations institutionnelles et juridiques (OMIJ) de l'université de Limoges http://www.unilim.fr/omij

qui animent le droit français de l'expérimentation animale] ne repose pas sur un examen au cas par cas des protocoles mais sur un système de certification des lieux d'expérimentation et des chercheurs. C'est ainsi à l'expérimentateur qu'il revient d'adopter vis-à-vis des animaux une démarche « humaniste » au sens où l'entendent ces deux auteurs. Pour l'aider, la communauté scientifique a organisé une régulation éthique des actes d'expérimentation ». Comme beaucoup d'autres, cet éminent juriste, spécialiste averti et reconnu des relations complexes entre les sciences et le droit, admet donc que notre hypothèse de travail est réaliste et que les règles juridiques ne sont qu'un habillage pour permettre aux seuls expérimentateurs d'apprécier en toute liberté dans quelle mesure et jusqu'à quel point ils doivent se comporter humainement avec le matériel sensible qui est mis à leur disposition. Inéluctablement, le prix de la liberté des expérimentateurs se paye en termes de défaut de transparence du processus de décision, d'impartialité réduite des organes éthiques de régulation et de lobbying énergique des zélateurs publics et privés de l'expérimentation animale. Ces trois puissants moyens de défense de la liberté des expérimentateurs contre les attaques de contestataires extérieurs à la communauté scientifique, ont été particulièrement à l'œuvre dans une affaire récente qui permet de mieux comprendre pourquoi, décidément, il est grand temps que la liberté laisse bientôt la place au droit. Il s'agit d'un incident survenu au cours de la procédure de révision de la directive communautaire du 24 novembre 1986, qui semble bien être le signe avant-coureur de la fin d'une époque.

Comme on le sait, la Commission européenne a fait part en 2001 de sa volonté de modifier ladite directive sur laquelle repose notre droit de l'expérimentation animale. Or la proposition de révision qu'elle a publiée le 5 novembre 2008 a profondément ému la majorité scientifique agissante en faisant planer de sérieuses menaces sur la liberté d'expérimenter, notamment sur les primates. Un fort mouvement de lobbying, faisant valoir les risques dramatiques que la proposition de révision représentait en termes de concurrence avec les chercheurs américains et asiatiques et de lutte contre certains cancers, la maladie d'Alzheimer ou la sclérose en plaques, a donc été engagé. Ce branle-bas de combat a porté quelques fruits puisque le Parlement européen a amendé certaines modifications avancées par la Commission européenne. Tout semblait donc en place pour qu'une nouvelle directive, laissant aux expérimentateurs un peu de la liberté qui leur paraît nécessaire pour appliquer à leur guise la règle des 3 R, entre en vigueur avant la fin de l'année 2009. Seulement, un petit grain de sable a réussi à s'introduire dans cette belle machinerie. Il est venu de la décision du médiateur européen, Nikiforos Diamandouros, d'ordonner le 16 février 2010[18], une enquête sur les procédures et critères retenus pour sélectionner les experts du Comité scientifique des risques sanitaires et environnementaux sur lequel la Commission européenne s'était appuyée pour préparer la révision de la directive de 1986. C'est, on ne peut plus clairement, la question de l'impartialité des différents organismes présidant à l'élaboration et à la mise en œuvre de la réglementation de l'expérimentation animale qui a été posée par le médiateur européen puisqu'il a demandé à la Commission européenne de s'expliquer sur la composition « très unilatérale et partiale » du groupe scientifique qui a rédigé le rapport dont elle s'est inspirée. Il ne semble pas que la Commission ait soumis avant le 30 avril 2010 l'avis que le médiateur lui demandait sur les accusations de partialité et la nouvelle directive a finalement été adoptée avant la fin de l'année 2010. Ce petit coup de théâtre provoqué par la question relative à la composition résolument orientée de ce comité scientifique européen – qui pourrait se poser à l'égard de nombreux autres organismes ou comités d'éthique nationaux ou locaux – aura néanmoins mis en évidence la pertinence d'une question plus générale que l'on pourrait adresser aux membres majoritaires de la communauté scientifique en ces termes : « Qu'avez-vous donc à cacher pour vous obstiner à ce point à trancher seuls

[18] Communiqué de presse n° 6/2010 diffusé sur le site du médiateur européen http://www.ombudsman.europa.eu/press

entre vous des questions qui ne concernent pas que vous ? » Ce défaut chronique d'impartialité et de transparence pourrait accréditer l'idée selon laquelle il ne suffit pas, pour aider la communauté scientifique, d'organiser une régulation éthique des actes d'expérimentation : il faut aussi la soumettre à quelques solides principes juridiques sans lesquels il n'y a pas véritablement de débat démocratique.

Ces principes juridiques qui, par leur complémentarité, rendraient humainement acceptable la conduite des recherches sur l'animal, Géraldine Vial et Étienne Vergès[19] pensent les avoir trouvés dans le droit européen de la protection animale. Constatant que, d'après les textes, les expériences sur les animaux doivent poursuivre un but légitime, être nécessaires et proportionnées, ils considèrent que sont réunis les trois éléments d'une « méthode humaniste » de protection des animaux méritant d'autant mieux la qualification « d'humaniste » qu'elle serait similaire à la méthode de protection des droits fondamentaux de l'homme. La trilogie légitimité, nécessité, proportionnalité est effectivement opérationnelle en droit européen des droits de l'Homme sauf à observer que nécessité et proportionnalité se confondent et que les 3 éléments de la méthode humaniste sont plutôt légalité, légitimité et proportionnalité. Ce n'est pourtant pas par cette petite approximation que pèche le raisonnement de ces collègues juristes qui, comme l'immense majorité de leurs contemporains, ont dû s'initier par eux-mêmes au droit européen des droits de l'Homme, qui est un droit autonome aux mille complications techniques. Ce qu'ils oublient de préciser en effet, c'est que ces trois éléments servent à justifier les atteintes aux droits de l'Homme dits relatifs, tels que le droit au respect de la vie privée ou le droit au respect des biens. Or en aucune manière et en aucune circonstance, il ne peut être question, au regard du droit européen des droits de l'Homme, de justifier d'atteinte légitime, nécessaire

---

[19] Article précité dans le N°1 de la *RSDA*.

et proportionnée au droit à la vie[20] et au droit de ne pas subir de traitements inhumains ou dégradants ou des tortures, qui sont des droits intangibles. D'après ce que l'on croit deviner, les expériences dont les animaux sont l'objet ne leur épargnent pas toujours des souffrances d'une extrême intensité et les exposent souvent au sacrifice de leur vie... Il y a donc une contradiction flagrante à parler d'humanisme méthodologique pour permettre d'infliger aux animaux ce que les droits fondamentaux de l'homme ne permettent justement pas d'infliger aux hommes.

La liberté, positive, de conduire des expériences sur les animaux n'est donc pas encore fondamentalement contrariée par le droit. Corrélativement la liberté, négative, de ne pas se livrer à des expériences sur les animaux ne reçoit aucun soutien du droit.

Le refoulement de l'objection de conscience

L'éveil des consciences par la réglementation ne permet en effet que de faire un choix à sens unique : celui reconnu à ceux qui ne sont pas placés dans un rapport de soumission hiérarchique ou de dépendance contractuelle de limiter ou non leur propre liberté d'expérimenter. Pas de liberté, en revanche, pour ceux qui doivent suivre ou obéir quand leur conscience leur crie de ne pas réaliser d'expériences sur des animaux. Pas d'objection de conscience à l'expérimentation animale pour les étudiants et les travailleurs des structures pratiquant l'expérimentation animale. Sans doute une proposition de loi pour un droit à l'objection de conscience à l'expérimentation animale, se recommandant des exemples italien et néerlandais, a-t-elle été déposée sur le bureau

---

[20] L'article 2 de la Convention européenne des droits de l'Homme qui consacre le droit à la vie admet néanmoins que la mort n'est pas considérée comme infligée en violation de ce droit dans les cas où elle résulterait d'un recours à la force rendu absolument nécessaire pour assurer la légitime défense d'une personne, pour effectuer une arrestation régulière ou empêcher une invasion et pour réprimer une émeute ou une insurrection.

de l'Assemblée nationale le 29 janvier 2008[21]. Cette proposition visant à ajouter un article dans le code rural n'a, évidemment, comme toute proposition de loi d'origine parlementaire, aucune chance d'être adoptée, ni même examinée. Les travailleurs des structures pratiquant l'expérimentation animale et les étudiants en biologie notamment, qui auraient eu des déboires pour avoir refusé de se livrer à des expériences devront donc encore pendant longtemps reporter leurs espoirs vers la Cour européenne des droits de l'Homme qui interprète la Convention européenne des droits de l'Homme de manière à rendre concrets et effectifs les droits qu'elle garantit[22].

La Cour européenne des droits de l'Homme a déjà eu l'occasion de condamner la France parce que des personnes étaient obligées d'adopter à l'égard des animaux une attitude que leur conscience réprouvait. C'est ce qui est advenu avec le célèbre arrêt Chassagnou du 29 avril 1999[23] suivant lequel la loi dite Verdeille de 1964, qui forçait les petits propriétaires opposants à la chasse à apporter leurs terres à des associations communales de chasse agréée pour que d'autres puissent en faire un usage totalement contraire à leurs convictions, conduisait à des violations de la Cour européenne des droits de l'Homme. Cette condamnation devait aboutir à la reconnaissance, par une loi du 26 juillet 2000[24], d'un droit dit de non-chasse. On pourrait soutenir que les mêmes principes sont d'autant plus sûrement susceptibles de conduire à la reconnaissance d'une liberté de ne pas expérimenter sur les animaux, que l'horreur liée à la nécessité de pratiquer soi-même des expérimentations douloureuses sur des animaux privés de liberté, en principe depuis leur naissance, doit être plus intense

---

[21] Proposition de loi n° 650 pour un droit à l'objection de conscience à l'expérimentation animale présentée par Lionel Luca.

[22] Comme par exemple le droit à la liberté de conscience (article 9) auquel la proposition de loi Luca se réfère d'ailleurs opportunément.

[23] *Revue française de droit administratif*, 1999.811 note Andriantsimbazovina J.

[24] Loi n° 2000-698 du 26 juillet 2010 relative à la chasse.

que celle consistant à voir ou entendre abattre d'un coup de fusil un animal qui avait toujours été libre. Il est vrai que nul n'est obligé de s'inscrire en première année de biologie ou de postuler à un emploi d'expérimentateur animalier quand il est dévoré par la passion des animaux. Il reste que la question de la reconnaissance d'une liberté de ne pas réaliser d'expérience sur les animaux se posera pour les étudiants et les chercheurs avec d'autant plus d'acuité que les recherches de méthodes alternatives auront été plus durablement délaissées.

Pas d'objection de conscience non plus pour les consommateurs et les patients achetant des produits cosmétiques et des médicaments, subissant des traitements sans savoir ce que leur mise au point a coûté en vie et en souffrances animales. On pourrait certes imaginer une forme d'avertissement répondant plus ou moins au modèle suivant : « Ce produit a été mis au point grâce à des méthodes alternatives à l'expérimentation sur des animaux vivants » ou « la mise au point de ce produit a exigé le sacrifice de 70 000 animaux ». Il est infiniment probable que les puissants groupes industriels et pharmaceutiques commercialisant des produits testés sur des bêtes sauront trouver les moyens d'empêcher de diffuser de telles informations nuisibles à la netteté de leur image. Comme il serait tout à fait étranger à notre culture occidentale d'imiter les japonais qui, selon le témoignage de Jean-Paul Renard[25], ont élevé sur le Mont Köya un monument à la mémoire de tous les animaux sacrifiés pour les besoins de la recherche scientifique, il ne reste qu'à compter sur le droit pour consacrer la liberté négative de ne pas expérimenter et surtout, pour encadrer véritablement la liberté, positive, de conduire des expériences sur des animaux. Il est néanmoins probable que, dans un proche avenir, le droit aura davantage à s'occuper de limiter la liberté positive que de consacrer la liberté négative de réaliser des expériences sur des animaux.

---

[25] Renard J.-P., 1997. Les animaux de ferme dans l'expérimentation animale. *RSDA*, 1 : 177.

L'expérimentation animale : terre à conquérir par le droit

Il convient ici d'essayer de montrer pourquoi et comment le droit va supplanter l'éthique pour réguler l'expérimentation animale. La question « comment » invite à faire le point sur l'évolution des données. La seconde commandera de démontrer que la nouvelle directive relative à la protection des animaux utilisés à des fins scientifiques a résolument chassé l'éthique pour faire le lit du droit et permettra d'établir un lien entre la conquête de l'expérimentation animale par le droit et la modification du statut juridique de l'animal.

L'évolution des données

D'évidentes considérations de cohérence et d'honnêteté intellectuelle obligent à une mise au point personnelle qui est révélatrice de l'évolution des données, sinon des idées, qui s'accélère depuis quelques années. Dans la thèse soutenue en 1987 et publiée en 1992, j'écrivais – et l'on voudra bien m'excuser de me citer – : « Puisque l'on ne peut admettre que l'humanité soit privée du droit de faire souffrir l'animal pour sauvegarder sa santé, et tant qu'il n'est pas démontré que les expériences sur les animaux sont inutiles ou, à tout le moins remplaçables par de nouvelles techniques, force est bien de se résoudre à cette opinion pourtant porteuse de souffrances, selon laquelle l'expérimentation animale ne peut pas être encore abolie. Jusqu'à ce que cela soit possible, il faudra bien se contenter d'une réglementation s'efforçant de concilier ces données contradictoires[26] ». J'avais donc à l'époque sensiblement la même position que celle aujourd'hui soutenue par mon collègue Étienne Vergès. Or je suis obligé désormais de réviser mon opinion. Elle s'est modifiée en effet sous l'influence de plusieurs facteurs. Le premier est lié au commentaire, réalisé il y a quelques années avec mon ami le professeur Olivier Dubos, d'un arrêt de la Cour de justice des

---

[26] *L'animal en droit privé*, *op. cit.*, p. 339.

Communautés européennes relatif aux expérimentations sur les animaux de produits cosmétiques[27] qui m'avait aidé à prendre conscience de la force hallucinante du lobbying des groupes industriels en ce domaine. Le second est probablement lié aux difficultés que Daniel Renou a rencontrées pour mettre en place ces conférences, et qui m'ont obligé à essayer de mieux comprendre pourquoi face à cette question que « Sciences en questions » veut légitimement mettre en question, le premier réflexe de certains membres de l'Inra a été de déployer une stratégie de défense d'une citadelle assiégée. À l'évidence, ils s'étaient trompés d'adversaires car ils ignorent les tombereaux d'injures que l'on récolte quand on se met en tête d'essayer d'améliorer le sort des animaux en commençant par faire évoluer le droit qui leur est applicable et leur statut juridique. Une petite anecdote mérite d'être ici rapportée car elle permettra de mieux comprendre la force du tourbillonnement de traditions et de conceptions antinomiques qu'il faut affronter pour s'efforcer, en tant que juriste, de mettre en question l'expérimentation animale. La voici. À la suite de la publication dans le numéro daté du 15 juillet 2010 de la formule électronique du journal *Le Monde* d'un article co-écrit avec Florence Burgat intitulé « Les animaux ont-ils des droits ? », le blog d'un mouvement d'« Écologie radicale et libération animale » dénommé *La Terre d'abord !*[28] a tenu, exceptionnellement, à reproduire cette chronique parce qu'elle est… « insupportable ». Il s'agit en effet d'un « discours pacifiste, totalement inféodé aux lois, aux institutions, à l'esprit dominant », d'« un article vain » car « il donne l'illusion qu'appeler à des réformes par le haut changera quoi que ce soit ; il s'agit d'une démarche institutionnelle, d'une démarche opposée au développement populaire du mouvement végan, à la

---

[27] Dubos O. et Marguénaud J.-P., 2006. *Le droit communautaire et les produits cosmétiques expérimentés sur les animaux*. Paris, Dalloz, p. 1774.

[28] *La Terre d'abord !* est un groupe de militants français affilié à l'organisation écologiste radicale *Earth First !* qui fut fondée en 1980, en particulier par Dave Forman. En France *La Terre d'abord !* entend militer aussi pour la libération animale et se déclare antispéciste.

base, par en bas, de manière démocratique, et sur des fondements absolument sans compromis ». Convaincus que « la question de la libération animale n'est pas une question juridique mais un devoir culturel et moral » et que « la libération animale n'est pas négociable », les auteurs de cette appréciation particulièrement nuancée ont finement décelé pourquoi deux « intellectuels au sens vraiment bourgeois du terme » en sont venus à répandre de pareilles inepties pacifistes parce que juridiques : c'est parce que ce sont « des gens payés par l'État pour entretenir l'illusion que les animaux ont des droits ». Je tiens à remercier sincèrement et publiquement les responsables de *La Terre d'abord* ! d'avoir, gratuitement, apporté aux expérimentateurs animaliers une preuve aussi éclatante de mon indépendance d'universitaire juriste.

C'est donc en toute liberté d'esprit que mon opinion a changé et que j'en suis arrivé à conclure que le droit doit jouer aujourd'hui un plus grand rôle dans la régulation de l'expérimentation animale pour deux raisons : la première, c'est que la question est une question d'intérêt général qui regarde l'ensemble de la société et pas seulement la communauté des scientifiques ; la seconde c'est que la communauté scientifique n'est plus unanime à soutenir que l'expérimentation animale est indispensable. Le point de savoir si la protection des animaux est – ou non – une question d'intérêt général est un point crucial en termes de droit à la liberté d'expression garanti par l'article 10 de la Cour européenne des droits de l'Homme. S'il s'agit en effet d'une question d'intérêt général, les défenseurs de la cause animale qui contestent l'expérimentation animale, dans son principe ou dans ses modalités, pourront s'exprimer de manière plus audacieuse et plus critique sans s'exposer à des condamnations pour diffamation ou atteinte aux droits d'autrui. Corrélativement, si leur droit à la liberté d'expression est élargi, ils auront encore moins d'excuses que jamais de se livrer à des opérations de commando proches du terrorisme, contre lesquelles le prétendu spécialiste des droits de l'Homme que je suis s'élève avec la dernière énergie en les dénonçant fermement. En revanche, si la question n'est pas une question d'intérêt général, les centres de recherche de l'Inra, de l'Inserm, du CNRS, du CEA et des universités pourront continuer sans états d'âme, et sous escorte juridique, à cacher ce qu'ils croient devoir cacher : c'est-à-dire des secrets vitaux à préserver de la curiosité de chercheurs concurrents qu'ils doivent affronter dans des conditions difficiles et dont dépendent aussi de nombreux emplois ; c'est-à-dire la réalité de l'horreur des expériences qu'ils réalisent et dont la révélation trop brutale pourrait exposer leurs laboratoires, leurs biens, leurs personnes ou même leurs familles à d'intolérables représailles de la part d'agitateurs qui, pour défendre les animaux, n'hésiteraient pas à bafouer les droits de l'Homme les plus élémentaires. Les enjeux sont donc considérables et les données contradictoires. Il semble néanmoins que, dans une société démocratique caractérisée par le pluralisme, la tolérance et l'esprit d'ouverture, tout le monde ait à gagner à ce que des débats puissent s'instaurer dans la transparence. C'est le plus sûr moyen d'épargner aux uns des procès d'intention et d'éviter de placer les autres devant le fait accompli. C'est le plus sûr moyen d'enrayer la violence inexcusable de ceux qui se laissent gagner par la tentation d'y céder lorsqu'ils se heurtent à un trop inquiétant mur de silence. Déverrouiller les débats relatifs aux animaux[29], tel est d'ailleurs l'objectif de la *RSDA* que je dirige avec Florence Burgat et le doyen Jacques Leroy. Je plaide donc pour que les questions relatives à la protection des animaux ne soient plus des questions catégorielles ou corporatistes dépendant exclusivement du ministère de l'Agriculture et du ministère de la Recherche dont les professionnels débattraient d'abord et principalement entre eux, mais des questions d'intérêt général loyalement ouvertes à la discussion de l'ensemble des représentants de la société civile. Je n'ai d'ailleurs plus besoin de plaider car, sur ce point, certains l'apprendront avec inquiétude, la cause est entendue : la Cour européenne des droits de l'Homme, par son historique arrêt de Grande chambre

[29] Cf. aussi : Déverrouiller le débat juridique. In : Birnbaum J. (éd.), 2010. *Qui sont les animaux ?* Paris, Gallimard (Folio essais n° 543), p. 151.

du 30 juin 2009 *Verein Gegen Tierfabriken Schweiz c/Suisse*[30] a en effet spectaculairement admis que la protection des animaux est un sujet de discussion d'intérêt général face auquel il n'y a pratiquement plus de place pour des restrictions à la liberté d'expression.

À l'origine de cette longue affaire, il y a une campagne de publicité télévisée produite par des industriels de la viande. En réplique, une turbulente association de protection des animaux nommée *Verein Gegen Tierfabriken*, avait réalisé un spot de 52 secondes où l'on voyait des porcs parqués dans de minuscules cages fermées par des barreaux d'acier auxquels ils s'en prenaient rageusement. Ces images fortes étaient accompagnées d'un commentaire encore plus frappant qui assimilait un élevage industriel de ce type aux camps de concentration nazis et qui était suivi d'une exhortation à manger moins de viande pour préserver l'intérêt des animaux et l'environnement. Elle s'était alors déclarée prête à se soumettre aux tarifs commerciaux en vigueur pour que ce spot soit diffusé par la même chaîne de télévision suisse à destination du même public. Or la chaîne de télévision, allez savoir sous quelle influence, refusa de donner suite à cette proposition commerciale à des fins militantes. L'association, s'estimant victime d'une violation de son droit à la liberté d'expression, engagea alors, devant les juridictions suisses puis devant la Cour européenne des droits de l'Homme une homérique bataille juridique pour parvenir à faire connaître sa position intraitable sur l'élevage industriel. Finalement, le 30 juin 2009, elle a obtenu un éclatant succès qui rejaillira sur toutes les associations de protection des animaux et toutes les personnes physiques qui prennent la parole pour libérer les animaux, puisque la Cour de Strasbourg a condamné la Suisse pour

---

[30] *RSDA*, 2009. Une victoire historique pour la liberté d'expression des défenseurs des animaux ; l'arrêt de Grande chambre de la Cour européenne des droits de l'Homme Verein Gegen Tierfabriken Schweiz c/Suisse du 30 juin 2009. Sélection du semestre. 1, 21. En raison de sa particulière importance, cette affaire a également été présentée dans l'article précité « Déverrouiller le débat juridique ».

violation du droit à la liberté d'expression parce que les autorités judiciaires n'avaient pas cherché à imposer la diffusion du spot publicitaire dénonçant l'élevage concentrationnaire. Il est capital d'observer que, pour justifier sa solution, la Cour européenne des droits de l'Homme a admis que l'élevage des porcs en batterie est une question d'intérêt général, ne laissant pratiquement aucune place à des restrictions à la liberté d'expression, dans la mesure où, ayant trait à la santé des consommateurs et à la protection des animaux, elle présentait un intérêt public certain. Assurément, d'aucuns seront troublés par un arrêt rendu en faveur d'une association qui, pour défendre sa cause, n'avait pas hésité à établir un rapprochement particulièrement scabreux entre les bâtiments d'élevage en batterie et les camps de concentration nazis. C'était effectivement choquant, même si, dans l'esprit des concepteurs du message, il ne s'agissait pas de procéder à une assimilation des victimes, mais d'établir une analogie des situations. En tout cas, cela a donné à la Cour l'occasion de redire que la liberté d'expression vaut non seulement pour les informations ou les idées accueillies avec faveur ou considérées comme inoffensives mais aussi pour celles qui heurtent, choquent ou inquiètent car ainsi le veulent « le pluralisme, la tolérance et l'esprit d'ouverture » sans lesquels il n'est pas de société démocratique.

À propos d'esprit d'ouverture, il faut redire ici avec force[31] qu'il est temps de se recommander des leçons de l'arrêt *Verein Gegen Tierfabriken* pour demander aux chasseurs de toutes les traditions, aux éleveurs de toutes les méthodes, aux expérimentateurs de toutes les écoles et à quelques autres d'ouvrir sereinement le débat, de libérer la discussion publique sans plus s'arc-bouter derrière le paravent de comités d'éthique. Il faut bien qu'ils commencent à se rendre à l'évidence de cette idée simple mise en lumière par la Cour européenne des droits de l'Homme : la protection des animaux qui sont le support de leurs loisirs, de leurs recherches ou de leurs activités est une

[31] Voir : Déverrouiller le débat juridique. In : *Qui sont les animaux* ? *op. cit.*, p. 159.

question d'intérêt général, d'intérêt public face à laquelle il n'y a plus guère de place, il faut le rappeler, pour des restrictions à la liberté d'expression. Si le débat se déverrouille grâce à la liberté d'expression à ce point valorisée, il conduira nécessairement à des solutions qui dépendront moins de principes éthiques propres à une catégorie professionnelle et davantage de règles juridiques reflétant les aspirations de l'ensemble de la société. L'inquiétude que cette découverte de l'état du droit européen des droits de l'Homme provoquera chez beaucoup d'entre vous doit être tempérée. Sans doute le droit européen des droits de l'Homme et son cortège d'arrêts de la Cour du même nom qui siège à Strasbourg l'emporte-t-il sur toutes les lois et tous les règlements même et y compris – quoique dans des conditions techniquement complexes dont vous serez dispensés – lorsqu'ils transposent le droit de l'Union européenne, mais ce n'est pas un droit à sens unique. Il offre en effet de sérieux atouts à ceux qui préconisent farouchement de maintenir l'expérimentation animale considérée comme un trésor de l'humanité. L'article 2 de la Cour européenne des droits de l'Homme a en effet bénéficié d'une interprétation très constructive puisqu'il a été jugé que sa première phrase suivant laquelle « le droit de toute personne à la vie est protégé par la loi », astreint l'État « non seulement à s'abstenir de provoquer la mort de manière involontaire et irrégulière, mais aussi à prendre les mesures nécessaires à la protection de la vie des personnes relevant de sa juridiction ». On pourrait soutenir que, parmi les mesures nécessaires que l'État aurait l'obligation positive de mettre en place pour protéger la vie des personnes relevant de sa juridiction, figure celle de permettre les expérimentations sur les animaux si elles sont décidément nécessaires pour sauver la vie des êtres humains. Cette extension vers l'expérimentation animale de cette interprétation constructive de l'article 2 de la Convention est d'autant plus plausible qu'elle a été ciselée par la Cour de Strasbourg dans une affaire *LCB c/Royaume-Uni* du 9 juin 1998 qui se rapportait à l'absence de surveillance de la santé d'une jeune femme, devenue leucémique, dont le père militaire avait été affecté à la campagne d'essais nucléaires réalisés par les britanniques sur l'île Christmas en 1957 et 1958 dans des conditions équivoques laissant deviner qu'il avait été utilisé pour des expériences servant à déterminer certains effets de la radioactivité. Les expériences délibérément menées sur des militaires ont d'ailleurs donné lieu à un très important arrêt de Grande chambre *Roche c/Royaume-Uni* du 19 octobre 2005 qui concernait des tests réalisés dans le centre de défense chimique et biologique de Porton Down et qui a débouché sur un constat de violation du droit au respect de la vie privée, parce que l'État n'avait pas délivré à un ancien militaire, les informations qui lui auraient permis d'apprécier les risques inhérents à sa soumission aux expériences. L'entrée en vigueur le 1er décembre 2009 de la Charte des droits fondamentaux de l'Union européenne, dont l'article 13 énonce « Les arts et la recherche scientifique sont libres. La liberté académique est respectée », peut aussi apporter de solides arguments aux tenants de l'expérimentation animale. Il est donc évident que déverrouiller le débat relatif à l'expérimentation animale n'a pas pour conséquence inéluctable d'abolir l'expérimentation animale : il y a des deux côtés de forts arguments à faire valoir. Encore faut-il les faire valoir au lieu de se draper dans la tradition multiséculaire qui les a transformés en arguments d'autorité. Cette antériorité est d'ailleurs, de toute façon, sapée car il n'y a plus dans la communauté scientifique, la belle unanimité qui régnait dans les temps reculés du dernier quart du XXe siècle où je rédigeais ma thèse.

En février 2009, j'étais invité à la faculté de droit de Clermont-Ferrand à participer à une conférence avec Claude Reiss, toxicologue moléculaire, ancien directeur de recherche au CNRS et président de l'association Antidote Europe dont la seule évocation du nom glacera d'effroi certains lecteurs. Dans une attitude très peu scientifique, je le concède, je m'étais dûment équipé de gousses d'ail et d'amulettes car je savais que j'allais rencontrer le diable en personne suant la méchanceté par tous les pores de sa peau, vomissant des torrents de paroles incohérentes et d'arguments ineptes. L'homme m'a semblé largement aussi civil que la moyenne des chercheurs que j'ai pu rencontrer ici ou là, mais je suis bien incapable d'apprécier la cohérence et la rigueur scientifique de ses arguments. De toute façon, cela ne relève pas de mes compétences de juriste. Ce qui en revanche relève de mes compétences de juriste qui a par ailleurs contribué à la publication de Mélanges dédiés à mon directeur de thèse Claude Lombois intitulé *Apprendre à douter*[32], c'est de constater que Claude Reiss n'est pas le seul scientifique à douter de la pertinence de l'expérimentation animale. Il y a aussi aux États-Unis[33], au Royaume-Uni[34], en Italie[35], en Israël et au Japon, de nombreuses associations de scientifiques, de nombreuses personnalités du monde de la recherche scientifique qui sont sur la même longueur d'onde. Je vous fais observer que je n'ai pas dit très nombreuses : à l'évidence, elles sont largement minoritaires et aucune ne m'a fait parvenir ses titres universitaires pour que je puisse en vérifier la légitimité. Certains pourraient néanmoins faire observer que des scientifiques à la légitimité indiscutable sont empêchés d'affirmer leur opposition à l'expérimentation animale par une forme très efficace d'intimidation institutionnelle. Quoi qu'il en soit, le juriste ne peut que constater qu'il y a des lézardes dans le mur qu'il avait longtemps cru uni et inébranlable. Certes, ce n'est pas parce que la communauté scientifique n'est plus tout à fait unanime qu'il faut conclure à l'abolition de l'expérimentation animale. Néanmoins, comme il s'agit d'un domaine dans lequel le juriste ne peut avancer sans être saisi d'effroi, il lui est impossible de faire comme s'il n'avait pas vu que le mur des certitudes scientifiques commençait à se fendiller. Donner au droit plus de place qu'il n'en avait par rapport à l'éthique pour réguler

[32] *Apprendre à douter. Questions de droit, questions sur le droit. Études offertes à Claude Lombois.* 2004. Publications de la faculté de droit et des sciences économiques de Limoges, PULIM.

[33] Phyicians Committee for Resposible Medecine http://www.pcrm.org.Americans for medical advancement http://www.curdisease.com. Medical Research Modernisation Commettee http://www.mmcrmed.org. Neil Barnard, John Pippin

[34] Safer Medicine Campaign http://www.safermedicine.org Doctors and Lawyers for Responsible Medicine http://www.dlrm.org Margaret Clotworthy

[35] Equivita Comitato Scientifico Antivivisezionista http://www.equivita.it

l'expérimentation animale, est la moindre des conséquences à tirer de l'existence avérée de ces opinions scientifiques dissidentes. On pourrait même engager le pari suivant : plus les opinions scientifiques dissidentes gagneront en quantité et en qualité, plus l'éthique cédera la place au droit pour réguler l'expérimentation animale. Il reste à savoir comment le droit occuperait le terrain conquis sur l'éthique au sens précédemment précisé. Il le ferait en introduisant plus d'équité dans les processus décisionnels et en faisant sortir les animaux de la catégorie des biens. La récente décision du médiateur européen Nikiforos Diamandourous montre sans doute que l'on arrive à l'extrême limite d'une approche reposant sur le défaut de transparence et d'impartialité et qui, au nom de l'éthique, permet aux expérimentateurs d'être les propres juges de la conformité aux exigences réglementaires des expériences qu'il leur semble pertinent de réaliser. Aujourd'hui, l'intérêt que des millions de personnes portent à la cause des êtres sensibles que sont les animaux commande la mise en place de processus décisionnels faisant une large place à la transparence et à l'impartialité. Si le droit doit prendre toute la place qui devrait lui revenir dans une société démocratique pour qu'une élite, ayant de plus en plus de mal à masquer ses dissensions, ne décide plus seule de questions graves concernant l'ensemble de la société, il faudrait, il faudra, en dehors des interdictions de certaines méthodes expérimentales ou de l'utilisation de certaines espèces d'animaux, que se mette progressivement en place un contrôle préalable obligatoire des protocoles de recherche préclinique réalisé par des comités, qui gagneraient à ne plus être qualifiés de comités d'éthique et dont la désignation des membres ne serait plus supervisée par la communauté scientifique. J'ai parfaitement conscience de l'émoi que cette proposition pourra provoquer dans le monde de l'expérimentation animale. C'est pourquoi je voudrais faire remarquer à quel point elle est sage et modérée. En effet, elle ne tend pas à priver l'humanité du droit de faire souffrir l'animal pour sauvegarder la santé et la vie humaine ; elle ne nie pas les difficultés de mise au point des méthodes alternatives qui permettraient d'épargner les animaux ; elle ne conteste pas la sincérité de centaines de chercheurs passionnés qui, dans la tradition inaugurée par Russel et Burch, font de réels et courageux efforts pour traiter de plus en plus humainement les animaux de laboratoires malgré la concurrence internationale impitoyable qu'ils doivent affronter. Elle vise seulement à clarifier et à soumettre aux exigences d'un débat démocratique, caractérisé par le pluralisme, la tolérance et l'esprit d'ouverture, le processus conduisant à se prononcer sur des questions graves. Elle se borne mais c'est déjà beaucoup, j'en conviens, à dire aux membres ultra-majoritaires de la communauté scientifique : « Vous ne pouvez plus décider seuls entre vous de questions qui, au regard de la jurisprudence *Verein Gegen Tierfabriken Schweiz* de la Cour européenne des droits de l'Homme, ne concernent pas que vous ». Elle se borne finalement à créer les conditions qui, sur ce sujet polémique, permettraient véritablement de mettre la science en question sans préjuger des réponses. Une fois que ces réponses seraient données, la sécurité des laboratoires et la sérénité des expérimentateurs seraient d'ailleurs considérablement renforcées, car la société dans son ensemble aurait moins de raisons de croire que ce sont des bunkers où ils cachent des pratiques indignes. Je suis en tout cas convaincu qu'un nouveau processus décisionnel plus juridique et moins éthique aiderait à guérir maints expérimentateurs de cette souffrance que je devine profonde et qui me permet de comprendre certaines réactions épidermiques : ce sont peut-être des héros recouverts du masque des bourreaux. Plus concrètement, le regain de transparence que provoquerait inévitablement la mise en place d'organes de décision impartiaux et indépendants ne conduirait pas fatalement à livrer de précieux secrets sur la place publique et à la concurrence internationale. La Cour européenne des droits de l'Homme, en effet, admet elle-même, en matière scientifique, des exceptions à la publicité des débats. C'est ainsi que par sa décision *Luginbühl c/Suisse* du 17 janvier 2006 relative à la nocivité de l'electrosmog[36], elle a

---

[36] Pollution électromagnétique que provoqueraient notamment les antennes de téléphonie mobile.

admis que les questions hautement techniques se prêtent mieux à une procédure écrite qu'à la tenue de débats publics. Ainsi garanti contre les risques d'une transparence outrancière, le processus décisionnel soustrait à l'empire des comités d'éthique pour être confié à des principes juridiques ne permettrait pas de mieux protéger le bien-être des animaux de laboratoires. Pour ces animaux là, en effet, les professeurs Hélène Pauliat et Clotilde Deffigier ont démontré que c'est d'absence de mal-être qu'il convient de parler[37]. Il permettrait sans doute en tout cas, de mieux prendre en compte leur qualité d'êtres sensibles qui, comme on le sait, vient d'être explicitement reconnue par le Traité de Lisbonne[38] et qui, en bonne logique, devrait avoir de profondes répercussions sur le contenu de la directive appelée à remplacer celle de 1986 et sur sa future interprétation. C'est ici qu'il faut se livrer à une appréciation rétrospective des propos tenus au printemps 2010 en fonction de la nouvelle directive 2010/63/UE publiée à l'automne.

L'assujettissement de l'expérimentation animale au droit par la directive 2010/63/UE du 22 septembre 2010

Même si, se fondant notamment sur un avis du Comité scientifique des risques sanitaires et environnementaux[39], elle affirmait explicitement que « l'utilisation des animaux dans les procédures scientifiques demeure aujourd'hui indispensable au niveau de sécurité qu'il y a lieu d'assurer pour les êtres humains, les animaux et l'environnement ainsi qu'à l'avancement des connaissances qui permettra d'améliorer la santé et le bien-être

---

[37] Deffigier C. et Pauliat H., 2009. Le bien-être animal en droit européen et en droit communautaire. In : Marguénaud J.-P. et Dubos O. (éd.). *Les animaux et les droits européens. Au-delà de la distinction entre les hommes et les choses*. Paris, Pedone.

[38] Cf. *RSDA*, 2009. La promotion des animaux au rang d'êtres sensibles dans le traité de Lisbonne. Sélection du semestre. 2 : 13.

[39] Le comité, déjà évoqué en raison des doutes exprimés par le médiateur européen sur l'impartialité de sa composition, avait formulé un avis réaffirmant le caractère indispensable de l'expérimentation animale le 25 novembre 2005.

des êtres humains et des animaux », la proposition de directive relative à la protection des animaux utilisés à des fins scientifiques présentée par la Commission le 5 novembre 2008 avait ému la communauté scientifique et particulièrement la communauté scientifique française. Redoutant les restrictions relatives à l'utilisation des primates, le risque de perte de compétitivité scientifique et économique et d'alourdissement des charges administratives induits par la proposition de la Commission, un groupe mixte de l'Académie des sciences et de l'Académie de médecine a déclenché une vigoureuse contre-offensive qui, de l'aveu même des parlementaires Michel Lejeune et Jean-Louis Touraine a fortement influencé les travaux des rapporteurs de l'Office parlementaire d'évaluation des choix scientifiques et technologiques[40]. La mobilisation européenne des scientifiques qui conçoivent encore l'expérimentation animale comme la principale bouée de sauvetage de l'humanité accablée de maux et de maladies a effectivement conduit le Parlement européen à rogner quelques-unes des propositions novatrices avancées par la Commission, si bien que l'immense majorité des associations de protection des animaux qui prônent l'abolition de la vivisection a crié au scandale et parlé de honte en découvrant le texte définitif de la directive 2010/63/UE. Il est vrai que le nouveau texte confine fortement l'espoir d'abolition généralisée des expériences sur les primates non humains[41] ; il est vrai que la

---

[40] Cf. *Rapport sur l'expérimentation animale en Europe* N° 2145 N° 155 précité, pp. 9-10.

[41] Pour apprécier l'ampleur des assouplissements que la communauté scientifique est parvenue à arracher au Parlement européen, il suffit de comparer l'article 8 de la proposition de la Commission à l'article 8 augmenté d'un §2 de la nouvelle directive. Le texte définitif et désormais officiel prend la peine de préciser qu'une « affection humaine invalidante » dont la prévention, la prophylaxie, le diagnostic ou le traitement peuvent exceptionnellement justifier l'utilisation de primates non humains dans une procédure, s'entend simplement d'une diminution des capacités physiques ou psychologiques normales d'une personne. L'utilisation des primates non humains à des fins scientifiques n'est donc pas limitée à la lutte contre les affections humaines les plus graves. En outre, le §2 de l'article 8 de la nouvelle directive permet aussi de soumettre exceptionnellement à des

perspective de rendre obligatoire l'emploi des méthodes alternatives scientifiquement satisfaisante s'est éloignée puisque, selon l'article 4 §1 de la directive de 2010, les États ne doivent veiller à leur utilisation que « dans toute la mesure du possible » ; il est vrai aussi que la nouvelle directive tourne parfois résolument le dos à l'objectif, pourtant proclamé par l'article 4 §3, de réduire au minimum toute douleur, souffrance ou angoisse susceptible d'être infligée aux animaux, étant donné que, selon l'article 14, les États veillent à ce que les procédures soient menées sous anesthésie générale ou locale, « sauf si cela n'est pas approprié » (*sic*)… Il est vrai surtout que l'article 42 a admis la possibilité pour les États d'introduire une procédure administrative simplifiée pour les projets contenant des procédures sans réanimation légère ou modérée et n'utilisant pas de primates non humains. On pourrait également considérer que les dispositions de l'article 16 relatives à la réutilisation d'un animal déjà utilisé dans une ou plusieurs procédures et celles de l'article 11 §2 admettant la possibilité d'utiliser des animaux d'espèces domestiques errants ou devenus sauvages, c'est-à-dire des chiens et des chats, constituent une régression par rapport au niveau de protection atteint grâce à la directive de 1986.

La directive 2010/63/UE ne marque pas pour autant le triomphe complet des « scientifiques expérimentophiles ». Beaucoup d'associations de défense des animaux admettent en effet qu'elle a réalisé de modestes avancées : la classification des procédures en fonction de leur gravité[42] ; l'amélioration des conditions d'hébergement et de soins[43] ; l'extension du champ d'application de la

---

procédures des spécimens de primates non humains pourtant énumérés à l'annexe A du règlement (CE) n° 338/97 du 9 décembre 1996 « relatif à la protection des espèces de faune et de flore sauvage par le contrôle de leur commerce », lorsqu'il existe, là aussi, des éléments scientifiques démontrant que la finalité de la procédure ne peut pas être atteinte en utilisant d'autres animaux.

[42] Article 15.

[43] Article 33.

directive à des animaux dont la souffrance n'était pas reconnue[44] ; la soumission des projets de recherche à une autorisation obligatoire[45]. Il est cependant permis d'affirmer que les avancées les plus significatives n'ont pas été aperçues et que les scientifiques qui crient victoire se sont laissés mener comme moutons en foire. Ils n'ont peut-être pas assez remarqué en effet que le point 10 de l'exposé des motifs de la directive ne se borne pas à constater, comme le faisait la proposition de la Commission[46], que l'utilisation d'animaux vivants demeure nécessaire pour protéger la santé humaine et animale ainsi que l'environnement : il affirme résolument que « la présente directive représente une étape importante vers la réalisation de l'objectif final que constitue le remplacement total des procédures appliquées à des animaux vivants à des fins scientifiques et éducatives ». On ne pouvait fixer plus fermement le cap ni dire plus clairement que désormais l'expérimentation animale n'est plus qu'en sursis au sein de l'Union européenne. On ne pouvait montrer que l'expérimentation sur des animaux vivants à des fins scientifiques devrait connaître le même sort que celui qui a fini par être réservé aux expérimentations destinées à assurer la sécurité des produits cosmétiques et de leurs ingrédients. On sait, en effet que le règlement (CE) n° 1223/2009 du Parlement européen et du Conseil européen du 30 novembre 2009 relatif aux produits cosmétiques[47], qui remplacera la directive « cosmétiques » 76/768/CEE le 11 juillet 2013, a décidé d'interdire à cette date la réalisation dans l'Union européenne d'expérimentations animales pour des produits finis, des ingrédients ou des combinaisons d'ingrédients ainsi que la mise sur le marché de l'Union européenne des produits cosmétiques dont la formulation finale,

---

[44] Article 1er §3 qui vise désormais les céphalopodes vivants ainsi que les formes larvaires autonomes des animaux vertébrés et les formes fœtales des mammifères à partir du dernier tiers de leur développement normal.

[45] Articles 36 à 45.

[46] Cpr. le point 8 du préambule de la proposition.

[47] *Journal officiel* de l'Union européenne du 22 décembre 2009, L. 342/59.

les ingrédients ou les combinaisons d'ingrédients auront fait l'objet d'expérimentation animale[48]. Sauf à les soupçonner de ne pas lire attentivement les textes qu'elles critiquent violemment, on ne peut pas comprendre comment il a bien pu se faire que la plupart des associations de protection des animaux n'aient pas encore relevé l'importance révolutionnaire de cette affirmation qui devra peser de tout son poids lorsque, conformément aux exigences de l'article 58, la Commission réexaminera la directive, le 10 novembre 2017 au plus tard, en tenant compte des progrès dans la mise au point de méthodes alternatives et qui, en attendant, peut sérieusement orienter l'interprétation du nouveau texte par la Cour de justice de l'Union européenne.

L'autre évolution significative pour la protection des animaux que le Parlement a fait réaliser au texte depuis la proposition de la Commission du 5 novembre 2008 concerne les modalités de mise en œuvre des nouvelles « exigences relatives aux projets » qui constituent la section 3 de la directive 2010/63/UE en même temps que son centre de gravité puisqu'elle substitue un régime d'autorisation préalable des projets au système de notification préalable prévu, en principe, par l'article 12 §1 de la directive de 1986. Cette évolution remarquable rejoint presque miraculeusement les propos tenus au printemps 2010 : alors que la proposition de la Commission faisait reposer tout le processus d'autorisation sur l'éthique, le texte définitif a presque systématiquement et méthodiquement éradiqué les références à l'éthique ; ce qui, en bonne logique ne peut qu'aider à faire au droit la place qui lui manquait.

La proposition de la Commission du 5 novembre 2008 constituait une sorte d'apothéose de l'approche éthique des recherches sur les animaux vivants, officialisée en France par le décret n° 2005-264 du 22 mars 2005 portant création d'un Comité national de réflexion éthique sur l'expérimentation animale qui a adopté en

---

[48] Article 18 du règlement qui admet cependant que, dans des circonstances exceptionnelles, la Commission pourra, par décision motivée, accorder des dérogations.

novembre 2007 une Charte nationale portant sur l'éthique de l'expérimentation animale reposant sur le précepte du respect de l'animal par l'expérimentateur, posant les bases de la démarche éthique du chercheur et institutionnalisant l'examen des protocoles par un comité d'éthique[49]. En effet, partant de l'idée selon laquelle l'élément central de la procédure d'utilisation des projets devait être « une évaluation éthique très complète[50] », la Commission avait échafaudé sa proposition en l'appuyant sur des procédures d'évaluation éthique[51], des stratégies d'examen éthique et des comités nationaux du bien-être animal et d'éthique[52]. C'est ainsi que l'article 35 §2 prévoyait que l'autorisation des projets ne serait délivrée qu'après une évaluation éthique favorable par l'autorité compétente, que l'article 37 était tout entier consacré à l'évaluation éthique ; que l'article 38 organisait une appréciation rétrospective de l'évaluation éthique ; que l'article 39 envisageait des comptes-rendus de l'évaluation éthique et que l'article 47 se rapportait aux comités nationaux de bien-être animal et d'éthique. Toute référence à l'éthique n'a pas complètement disparu du texte de la nouvelle directive 2010/63/UE. Le point 23 de son préambule continue en effet d'affirmer que « d'un point de vue éthique, il convient de fixer une limite supérieure en termes de douleur, de souffrance et d'angoisse au-dessus de laquelle les animaux ne devraient pas être soumis à des procédures scientifiques ». En outre, le point 38 lui réserve encore une place importante au titre de l'évaluation qui constitue l'élément central de la procédure d'évaluation des projets. Seulement, on remarque qu'il ne s'agit plus, comme dans la proposition de la Commission, d'une « évaluation éthique très complète » mais « d'une évaluation très complète des projets, compte tenu de considérations éthiques dans l'utilisation des

---

[49] Vial G. et Vergès E., 2009. *RSDA*, 1 : 191.

[50] Point 37 du préambule de la proposition du 5 novembre 2008.

[51] Points 38, 42, 43.

[52] Point 46.

animaux ». Or la substitution de l'évaluation des projets compte tenu de considérations éthiques à l'évaluation éthique, qui aurait pu passer pour une simple modification de style, débouche sur une conséquence radicale : il n'y a plus la moindre trace d'éthique dans les dispositions suivantes excepté l'article 38 §2d qui exige une analyse dommage-avantage du projet, compte tenu de considérations éthiques. Le changement d'orientation est particulièrement spectaculaire dans la section III du chapitre IV consacrée à la question centrale des exigences relatives aux projets où l'évaluation n'est jamais qualifiée d'éthique. De manière peut-être plus significative encore, la structure chargée de conseiller le personnel des établissements agréés n'est plus qualifiée, comme par la proposition de la Commission de structure permanente d'examen éthique mais de « structure chargée du bien-être des animaux » par l'article 27. Pour couronner le tout, l'article 49 fait obligation à chaque État membre d'établir un comité national qui n'est plus comme dans la proposition de novembre 2008 un comité national du bien-être animal et d'éthique mais un « comité national pour la protection des animaux utilisés à des fins scientifiques ». L'entrée en vigueur, le 9 novembre 2010, de la directive 2010/63/UE signe donc l'arrêt de mort du Comité national de réflexion éthique sur l'expérimentation animale qui, si les mots ont un sens et si « protection des animaux » signifie bien autre chose que « réflexion éthique », devra vraisemblablement être remplacé avant le 9 novembre 2012[53] par un « Comité national pour la protection des animaux utilisés à des fins scientifiques » entièrement repensé. La nouvelle directive soumet donc, à partir du 1er janvier 2013, les projets à une autorisation par une autorité compétente à la suite d'une évaluation, qui n'est plus une évaluation éthique, également réalisée par une autorité compétente et elle prévoit la participation de comités et de structures de protection des animaux ou de leur bien-être dont le lien avec l'éthique a été délibérément coupé. Enfin l'expérimentation

[53] Date avant laquelle les États auront dû transposer la directive conformément aux exigences de son article 61.

animale va donc pouvoir basculer dans le champ du droit pour sortir du domaine réservé de la liberté des expérimentateurs. À l'évidence la transition se fera par l'intermédiaire des autorités compétentes chargées d'évaluer et d'autoriser les projets de recherche sur des animaux vivants. Or l'article 59 §2 de la directive exige de chaque État qu'il communique, avant le 10 févier 2011, à la Commission les coordonnées d'une autorité nationale servant de point de contact avec ces autorités. Il est évident que la détermination et la composition de ces « autorités compétentes » va être, à court terme, un enjeu crucial et que les scientifiques « expérimentophiles » vont user de toute leur influence économique et politique pour faire admettre que les comités d'éthique qu'ils ont mis en place ici et là depuis de nombreuses années sont tout à fait indiqués pour en tenir lieu. La directive, on l'a vu, n'exclut pas toute prise en compte de considérations éthiques et de tels comités pourront continuer à exister mais ils devront apprendre à coexister avec des structures de protection du bien-être animal. En revanche, sauf à trahir l'esprit et la lettre de la directive, et sauf à ne tirer aucune leçon de la mise en question par le médiateur européen Nikiforos Diamandouros de l'impartialité de certains organismes impliqués dans l'expérimentation animale, ils ne sauraient être transformés en autorités compétentes pour évaluer les procédures et pour autoriser les projets. Corrélativement, les nouvelles autorités ne sauraient être constituées sur le modèle qui a servi à créer des comités d'éthique car elles ne se borneront plus à formuler des avis pour aider les expérimentateurs à se mettre sur la voie d'une bonne conduite professionnelle : elles prendront de véritables décisions accordant, refusant, modifiant, renouvelant ou retirant des autorisations en fonction des conditions très précises fixées par les articles 36, 38, 40 et 44 de la directive. Il va donc falloir que tous ceux qui faisaient déjà de louables efforts pour déterminer et respecter des règles de bonne conduite, s'habituent à travailler en fonction de véritables règles juridiques qui subordonnent l'exécution d'un projet non pas à un avis mais à une évaluation favorable[54] devant elle-même vérifier que ledit projet réponde aux critères fixés par l'article 38[55] qui prescrit notamment et en particulier « une appréciation de la conformité du projet aux exigences de remplacement, de réduction et de raffinement[56] ».

Quelques précisions sont donc nécessaires quant à la composition, l'organisation et le fonctionnement de ces organes de décision qui devraient, ou plutôt, qui devront remplacer les comités d'éthique trop systématiquement livrés à la domination sans partage de ceux qui, par une sorte de patriotisme de caste, sont favorables à l'expérimentation. La directive elle-même donne de précieuses indications sur les exigences auxquelles devront satisfaire les autorités compétentes. Le point 39 de son préambule estime qu'il convient d'effectuer une évaluation de projet impartiale et indépendante des personnes participant à l'étude ; son article 59 précise que les États peuvent désigner comme autorités compétentes des organismes autres que les pouvoirs publics, uniquement s'il est démontré que l'organisme en question dispose des compétences et de l'infrastructure requises et ne connaît aucun conflit d'intérêts dans l'accomplissement des tâches d'évaluation et d'autorisation ; en outre, son article 39 énonce que l'autorité procédant à l'évaluation du projet prend en compte l'avis des experts, ce qui constitue une manière indirecte mais imparable de dire que les experts ne font pas partie de l'autorité compétente. Les exigences

---

[54] Article 35 §2.

[55] L'article 38, qui ne laisse plus aux considérations éthiques qu'une place résiduelle au titre de l'analyse dommage-avantage, exige de vérifier si le projet « est justifié du point de vue scientifique, éducatif ou requis par la loi », si ses objectifs « justifient l'utilisation d'animaux » et s'il permettra « le déroulement des procédures dans les conditions les plus respectueuses de l'animal et de l'environnement ».

[56] C'est nous qui soulignons pour mieux faire prendre conscience de ce que la règle des 3 R, qui n'apparaissait même pas expressément dans la directive de 1986, relève désormais de l'ordre des exigences : ce n'est plus une règle éthique ; c'est une règle juridique.

d'impartialité, d'indépendance et de transparence[57] auxquelles renvoie systématiquement la directive semblent donc orienter vers la mise en place d'organismes indépendants au sens de la jurisprudence de la Cour européenne des droits de l'Homme qui en postule la mise en place lorsqu'elle exige un équilibre et une proportionnalité suffisante entre les intérêts en cause dans des domaines sensibles tels que l'avortement thérapeutique[58] ou l'accouchement sous X. L'arrêt Odièvre c/France du 13 février 2003[59] est à cet égard particulièrement éclairant. Alors qu'il était reproché à la France d'avoir violé le droit au respect de la vie privée et familiale d'une jeune femme en refusant de lui révéler, 35 ans après sa naissance, l'identité de sa mère, la Cour a refusé de la condamner parce qu'elle avait mis en place, par la loi du 22 janvier 2002, le Conseil national pour l'accès aux origines personnelles, « organe indépendant, composé de magistrats, de représentants d'associations concernées et de professionnels ayant une bonne connaissance pratique des enjeux de la question ». C'est d'un tel organisme, voire d'une véritable Autorité administrative indépendante que, *mutatis mutandis*, pourraient se rapprocher les autorités compétentes dont la mise en œuvre de la directive de 2010 appelle la création.

Les progrès du droit dans le domaine de l'expérimentation animale sont donc éclatants et manifestes. Ils ne peuvent guère se traduire que par des restrictions à la liberté de la recherche. Or

---

[57] L'article 38 § 4 précise que le projet est évalué de manière transparente.

[58] Arrêt Tysiac c/Pologne du 20 mars 2007, *Revue de droit Sanitaire et Social,* 2007.643, note D. Roman. Au § 117 de cet arrêt la Cour reproche à la Pologne l'absence d'organe indépendant qui aurait pu faire prévaloir le point de vue de la femme enceinte sur celui du médecin qui avait considéré que son état ne répondait pas aux conditions permettant de pratiquer un avortement thérapeutique. Même s'il se pose en termes de droits fondamentaux qui n'ont pas encore tout à fait réussi à s'imposer dans le débat sur l'expérimentation animale, l'exemple est particulièrement intéressant pour avoir posé l'exigence d'un organe indépendant afin de contrecarrer l'opinion d'un professionnel auréolé de sa compétence scientifique.

[59] GACEDH *op. cit.*, n° 40.

la liberté de la recherche désormais reconnue par la Charte des droits fondamentaux de l'Union européenne[60] est une des valeurs les plus précieuses d'une société démocratique et tout universitaire qui se respecte doit la défendre farouchement contre toutes les ingérences publiques, parapubliques et privées dont elle peut faire l'objet[61]. Comment dès lors justifier que la liberté de rechercher sur des animaux soit plus strictement limitée que la liberté de la recherche en général ? Parce que les animaux, êtres sensibles, ne seraient plus des choses, des biens, au rang desquels notre tradition cartésienne les a assignés. Extraire les animaux de la catégorie des biens, telle est la révolution que le droit doit accomplir pour justifier les restrictions spécifiques à la liberté de l'expérimentation animale.

La question du statut juridique de l'animal

Le droit est organisé à partir d'une distinction cardinale, d'une *summa divisio*, entre les personnes qui sont des sujets de droit et les biens qui ne sont que des objets et qui sont soumis au plus énergique des droits reconnus aux personnes : le droit de propriété qui, selon l'article 544 du code civil, est le droit de jouir et de disposer des choses de la manière la plus absolue, pourvu que l'on n'en fasse pas un usage prohibé par les lois et les règlements. Les animaux sont tombés dans la mauvaise catégorie ou plutôt dans la catégorie qui les dépouille le plus brutalement de leurs caractéristiques propres, et tout spécialement de leur sensibilité afin que leur exploitation économique et scientifique et leur assujettissement culturel soient les plus efficaces possibles – y compris et d'abord par leur mise à mort. Cette survivance codifiée de la théorie des animaux machines est à l'évidence le plus sûr moyen de verrouiller le débat juridique : si les animaux

---

[60] L'article 13 de la Charte des droits fondamentaux de l'Union européenne entrée en vigueur le 1er décembre 2009 affirme en effet que « Les arts et la recherche scientifique sont libres ».

[61] Voir justement Kuri D. et Marguénaud J.-P., 2010. *Le droit à la liberté d'expression des universitaires*. Paris, Dalloz.

ne sont que des choses, ils ne méritent pas mieux qu'un chapitre de droit spécial des meubles comme l'automobile ou les valeurs mobilières. Cependant, elle a aujourd'hui du plomb dans l'aile : même les juristes les plus traditionnalistes ont bien conscience que les animaux, êtres vivants souvent sensibles et parfois aimés, ne peuvent plus continuer à être confondus dans la catégorie des choses avec les torchons et les serviettes, les brouettes et les ordinateurs. Seulement, personne n'est d'accord sur la manière de les faire sortir de la catégorie des choses pour mieux reconnaître qui ils sont ou pour mieux marquer que l'on a enfin admis ce qu'ils ne sont pas. L'hésitation s'explique par la crainte de déverrouiller de manière incontrôlable le débat juridique[62], si on les éloigne trop de leur condition originaire de biens meubles ou immeubles. Il s'agira ici d'étudier, sommairement, jusqu'à quel point les uns et les autres veulent modifier le statut juridique des animaux. Le moins que l'on puisse faire, et qui a d'ailleurs été fait en France par la loi du 6 janvier 1999 modifiant les articles 524[63] et 528[64] du Code civil, c'est d'affirmer que les animaux ne sont pas des immeubles ou des meubles comme les autres. Il ne s'agit pas là d'une manière efficace et loyale de déverrouiller le débat puisqu'en disant que les animaux ne sont pas des immeubles ou des meubles comme les autres, on dit plus explicitement que par le passé, en tant que meubles ou immeubles, ils sont des biens puisque selon l'article 516 du Code civil tous les biens se répartissent entre ces deux catégories.

Une avancée plus significative serait réalisée si, comme l'avait proposé à une époque Suzanne Antoine, on rangeait les animaux dans une nouvelle sous-catégorie de biens distincte des meubles

---

[62] Cf. Déverrouiller le débat juridique. In : *Qui sont les animaux ?* précité.

[63] Qui, parmi les immeubles par destination, distingue désormais, entre « les animaux et les objets ».

[64] Suivant lequel « Sont meubles par leur nature les animaux et les corps qui peuvent se transporter d'un lieu à un autre ».

et des immeubles[65]. Cette proposition part de l'idée très réaliste suivant laquelle ce qui compte, en définitive, ce n'est pas le statut juridique des animaux, c'est le renforcement de leur protection : peu importe que les animaux restent juridiquement des biens si, comme cela a été le cas depuis le début de la Vᵉ République grâce à des ministres ou des parlementaires tels qu'Edmond Michelet, Roland Nungesser ou Jacqueline Thome-Patenôtre, les règles destinées à les protéger se multiplient et se précisent. Il est vrai, comme le soutient aussi Sonia Desmoulin[66], que l'on peut améliorer beaucoup la condition des animaux sans les extraire de la catégorie des biens[67]. Cependant, l'amélioration du texte des lois protectrices des animaux reste illusoire, si elles ne sont pas mieux appliquées. Or leur application et leur effectivité dépend nécessairement de l'interprétation qui en sera donnée par le juge. Il est plus que vraisemblable que le même texte protecteur ne sera pas du tout interprété de la même façon dans un système juridique où les animaux à qui il est destiné sont encore des choses et dans un système où ils ne sont plus des choses. Pour que les règles protectrices déjà édictées s'appliquent avec la plus grande efficacité possible et pour que de nouvelles questions se posent dans un espace de discussion publique libéré, il semble donc nécessaire d'extraire les animaux de la catégorie des choses. Pour ceux qui sont domestiques, apprivoisés ou tenus en captivité c'est d'ailleurs une nécessité de logique juridique car dans la mesure où ils sont protégés dans leur propre intérêt – y compris contre leur propriétaire – on ne peut plus vraiment dire qu'ils seront des objets d'appropriation,

---

[65] Antoine S., 2003. *L'animal et le droit des biens*. Paris, Dalloz, chronique 2651.

[66] Qui dans sa thèse précitée propose une conception renouvelée de l'ordre public qui supposerait de repenser la structure du droit des biens pour y intégrer des règles spécifiques aux animaux.

[67] Voir également Le Bot O., 2003. Des droits fondamentaux pour les animaux : une idée saugrenue ? *RSDA*, 3 : 11.

comme l'a démontré Lucille Boisseau-Sowinski[68]. Nos voisins suisses l'ont d'ailleurs parfaitement compris puisque depuis le 1er avril 2003 l'article 641a de leur Code civil énonce : « Les animaux ne sont pas des choses ». Certes l'article suivant atténue, ou plus exactement diffère, la portée de cette affirmation en précisant que, sauf disposition contraire, les dispositions s'appliquant aux choses sont également valables pour les animaux, elle n'en constitue pas moins une avancée théorique majeure qui trouve écho dans les Constitutions de nombreux États voisins comme l'Allemagne[69]. Si les animaux ne sont pas des choses, que sont-ils devenus ? Certains comme le professeur Gérard Farjat[70] ou Jordana Segura[71] estiment qu'il faut les faire entrer dans une catégorie intermédiaire : ni choses, ni personnes. L'idée est séduisante à partir du moment où l'on admet le dépassement de la division bipartite traditionnelle. Elle se heurte néanmoins à une difficulté transitoire : si les animaux ne sont plus des choses, on ne peut plus leur appliquer les droits réels classiques qui portent sur les biens ; s'ils ne sont pas des personnes on ne peut pas leur appliquer les droits qui organisent les relations entre des personnes. Il faut donc s'atteler à la fabrication de nouvelles règles, de nouveaux droits adaptés au particularisme de cette nouvelle catégorie intermédiaire. En attendant, le plus simple est de considérer que ce sont des personnes. Une nouvelle difficulté surgit alors, car il y a plusieurs catégories de personnes : à côté des personnes humaines, il existe des personnes dites morales qui sont revêtues d'une personnalité plus technique.

---

[68] Boisseau-Sowinski L., 2008. *La désappropriation de l'animal*. Thèse, université de Limoges.

[69] Cf. Marguénaud J.-P., 2009. Les animaux sont-ils encore des biens ? Prendre au sérieux la sage réponse du droit suisse. In : *Les animaux et les droits européens*, précité, p. 49.

[70] Gérard Farjat G., 2002. Entre les personnes et les choses, les centres d'intérêts. *Revue trimestrielle de droit civil*, 230.

[71] Ségura (-Carissimi) J., 2006. *Animaux et droit : de la diversité de la protection à la recherche d'un statut*. Thèse, université Nancy II.

Certains, même sans être aussi radicaux que les américains Tom Regan[72] et Gary Francione[73], considèrent que les animaux doivent être des personnes, des sujets de droits comme le sont les êtres humains. On se souvient que, dans la célèbre querelle dite des grands singes, Peter Singer et surtout Paola Cavalieri[74] avaient proposé d'étendre quelques uns des droits de l'Homme aux grands singes non humains. Ce point de vue pouvait se recommander de la Déclaration universelle des droits de l'animal proclamée devant l'Unesco le 15 octobre 1978 dont un article affirmait : « Les droits de l'animal doivent être défendus par la loi comme les droits de l'Homme ». Cette disposition a cependant disparu de la nouvelle version de la Déclaration universelle des droits de l'animal adoptée en 1992. Il semble donc que, peu à peu, s'impose la formule : « Les droits de l'Homme pour les humains, les droits du singe pour les grands singes ! » que Marie-Angèle Hermitte[75] avait lancée au cours de sa participation à la querelle des grands singes. Même si les singes et les autres animaux ne peuvent pas avoir des droits comparables aux droits de l'Homme, ni être assimilés à des personnes humaines, ils peuvent néanmoins avoir des droits et être considérés comme des personnes. S'ils ne peuvent pas être revêtus d'une personnalité juridique anthropomorphique, il reste à leur octroyer une personnalité juridique purement technique calquée sur le modèle de celle qui est accordée aux personnes morales, les associations, les syndicats, les sociétés qui sont depuis longtemps des personnes dites morales dont l'existence n'a jamais choqué qui que ce soit.

Il n'y a pas lieu de revenir ici sur la démonstration, ressassée depuis plus de 20 ans, de cette réalité technique de la personnalité

---

[72] Regan T., 1983. *The Case for Animal Rights*. University of California Press (reed. 2004).

[73] Francione G., 2008. *Animals as Persons : Essay on the abolition of Animal Exploitation*. Columbia, Columbia University Press.

[74] Cavalieri P., 2000. Les droits de l'Homme pour les grands singes non humains ? *Le Débat*, 108, janvier-février : 156.

[75] *Le Débat*, 2000, 108, janvier-février : 168.

des animaux[76] dont certains, domestiques, apprivoisés ou tenus en captivité, sont déjà protégés pour eux-mêmes et qui peuvent compter sur leurs maîtres et sur des associations pour les défendre en justice, voire demain sur les vétérinaires qui sont les témoins les plus directs et les mieux avertis des souffrances qui leur sont infligées. Disons pour simplifier à l'extrême, que la théorie de la réalité technique développée par Léon Michoud au début du xxe siècle[77] et consacrée par le célèbre arrêt de la chambre civile de la Cour de cassation du 28 janvier 1954[78], permet d'accorder à un groupement la personnalité juridique que le législateur ne lui a pas expressément reconnue dès lors qu'il répond aux deux conditions d'existence d'un intérêt distinct et de présence d'organes en mesure de le mettre en œuvre. Les animaux qui sont protégés pour eux-mêmes y compris contre celui que l'on appelle encore leur propriétaire ont indiscutablement un intérêt propre ; ils sont dotés d'organes en mesure de mettre en œuvre leur intérêt puisque l'article 2-13 du Code de procédure pénale permet à toute association régulièrement déclarée depuis au moins 5 ans à la date des faits et dont l'objet statutaire est de les défendre et de les protéger, d'exercer devant les juridictions répressives les droits reconnus à la partie civile en ce qui concerne les infractions de sévices graves ou d'actes de cruauté, de mauvais traitements ou d'atteintes volontaires à la vie, remplissent donc parfaitement les deux conditions qui conduisent à la reconnaissance d'une personnalité juridique technique. Il aurait pu être objecté naguère que la personnalité technique est réservée à la protection de l'intérêt collectif d'un groupe alors que, en l'occurrence, elle est mise au service de l'intérêt individuel d'un être qui souffre. Néanmoins l'objection n'a plus aucune prise : d'abord parce que Léon Michoud lui-même avait implicitement admis que sa théorie pouvait s'appliquer aussi à la défense d'un

---

[76] Voir *La personnalité juridique des animaux,* 1998. Paris, Dalloz, p. 205.

[77] Michoud L., 1932. *La théorie de la personnalité morale et son application au droit français*. 3e édition mise au courant par L. Trotabas. LGDJ.

[78] Dalloz 1954.217 note Levasseur.

intérêt individuel ; ensuite et surtout parce que la loi du 11 juillet 1985 a institué l'EURL[79] qui est une société unipersonnelle ne servant à protéger qu'un intérêt individuel. Il faut aussi remarquer que cette proposition de personnification technique des animaux offrirait le double avantage de la modération prônée par Joël Feinberg[80] favorable à l'idée d'une représentation des intérêts des animaux considérés comme des titulaires de droits-titres[81] et de la souplesse, puisqu'elle permettrait de faire varier l'étendue des droits des animaux en fonction de leur proximité avec les hommes. Elle n'en aurait pas moins une forte portée symbolique[82] propre à déverrouiller le débat juridique d'abord et y compris en matière d'expérimentation animale.

Conclusion

L'Union européenne en édictant coup sur coup le règlement n° 1223/2009/CE du 30 novembre 2009 relatif aux produits cosmétiques et la directive 2010/63/UE du 22 septembre 2010, qui atteindront l'un et l'autre leur pleine effectivité en 2013, s'apprête à faire entrer l'expérimentation animale dans une nouvelle ère de plus en plus résolument abolitionniste, de plus en plus marquée par un changement de cap dont l'importance a été trop rarement

---

[79] Entreprise unipersonnelle à responsabilité limitée dont l'équivalent agricole est l'EARL, Exploitation agricole à responsabilité limitée, qui permettent à un exploitant individuel de dissocier son patrimoine propre de celui de son entreprise érigée en personne juridique distincte.

[80] Feinberg J., 1980. *Rights, Justice and the Bounds of Liberty*. Princeton, Princeton University Press.

[81] Sur la démarche de J. Feinberg voir Goffi J.-Y., 2004. Des droits sans devoirs. In : *L'animal dans nos sociétés*. Dossier réalisé par F. Burgat. *Problèmes politiques et sociaux*, 896, janvier : 43.

[82] Un auteur farouchement hostile à la reconnaissance de la personnalité juridique aux animaux vient d'ailleurs d'admettre que « à titre militant, la qualification peut aider à faire prendre conscience des progrès à faire en la matière » (Fabre-Magnan Muriel, 2010. *Introduction au droit*. Paris, PUF (Que sais-je ?), p.104.).

soulignée[83] mais que les rédacteurs de la nouvelle directive ont expressément pris en compte : désormais « le bien-être animal est une valeur de l'Union qui est consacrée à l'article 13 du Traité sur le fonctionnement de l'Union européenne »[84]. Pour mesurer l'ampleur des changements qui se préparent, il suffit d'ailleurs de comparer les articles premiers de la directive de 1986 et de celle de 2010 qui en définissent les objectifs respectifs : pour la directive désormais abrogée, il s'agissait « d'harmoniser les dispositions législatives, réglementaires des États membres relatives à la protection des animaux de manière à éviter qu'il ne soit porté atteinte à l'établissement et au fonctionnement du marché commun, notamment par des distorsions de concurrence ou des entraves aux échanges » ; pour la nouvelle, il s'agit plus simplement, ou tout simplement, d'établir « des mesures pour la protection des animaux utilisés à des fins scientifiques ou éducatives ». Les considérations animalitaires ont donc été substituées aux considérations économiques qui prévalaient jusqu'alors. Dans ces conditions, et à l'aube d'une période transitoire très particulière, une étude intitulée « L'expérimentation animale, entre droit et liberté » est plutôt une introduction aux intenses débats, qui pendant deux ans, devraient opposer ceux qui se battront pour sauver ce qui peut l'être encore à ceux qui n'ont peut-être pas encore clairement pris conscience de ce qu'ils peuvent déjà obtenir.

---

[83] Voir cependant : La promotion des animaux au rang d'êtres sensibles dans le Traité de Lisbonne, 2009. *RSDA*, 2 : 13.

[84] Point 2 de l'exposé des motifs de la directive de 2010.

Discussion

Question – L'animalier a-t-il la liberté de refuser une expérience ?

Jean-Pierre Marguénaud – Pour pouvoir répondre précisément à cette question, il faudrait savoir ce que l'on entend par « animalier ». Le petit Robert nous enseigne qu'il s'agit d'une personne chargée de l'entretien des animaux dans un laboratoire. Il semblerait donc que l'animalier ait vocation à rester étranger à la réalisation des expériences sur les animaux dont il s'est occupé avant et dont il continuera peut-être encore à s'occuper lorsqu'elles seront achevées. Il n'est pourtant pas impossible que, selon les structures et les statuts, les animaliers soient plus ou moins directement associés aux recherches conduites sur l'animal sous la responsabilité de quelqu'un d'autre. Dès lors la question peut s'entendre à deux sens différents qui appellent, juridiquement, des réponses distinctes. Selon un premier point de vue, elle peut être formulée de la manière suivante : *l'animalier peut-il s'opposer à ce que d'autres pratiquent, hors de sa présence et de sa vue, des expériences invasives sur des animaux auxquels il a pu s'attacher en en assurant régulièrement l'entretien ?* Alors, la réponse semble devoir être négative dans la mesure où il a accepté, en connaissance de cause, d'entretenir des animaux destinés à être soumis à des expériences. On peut néanmoins estimer que les animaliers pourront peser davantage sur le sort des animaux livrés aux investigations invasives des autres, grâce à leur participation active aux structures chargées du bien-être des animaux devant comprendre « la ou les personnes responsables du bien-être des animaux et des soins qui leur sont donnés », dont l'article 26 de la directive du 22 septembre 2010 prévoit que tout éleveur, fournisseur et utilisateur d'animaux devra se doter. Suivant un second point de vue, la question devient : *l'animalier peut-il refuser de participer lui-même à une expérience invasive sur un animal dont il s'est occupé ?* Là encore la réponse peut varier en fonction du particularisme du contrat qui le lie à l'organisme se livrant à l'expérimentation. Dans la mesure où il devrait participer à l'exécution de protocoles dont il ne définit nullement le contenu, il peut songer néanmoins à faire valoir le droit de retrait consacré par l'article L. 4131-1 du Code du travail et par l'article 5-6 du décret n° 82-453 du 28 mai 1982 « relatif à l'hygiène et à la sécurité du travail ainsi qu'à la prévention médicale dans la santé publique ». Il devra néanmoins être établi que les modalités de l'expérience sur l'animal dont il s'est occupé sont traumatisantes au point de constituer un danger grave et imminent pour sa santé. À défaut d'aménagement dans chaque établissement de ses modalités d'exercice, le droit de retrait peut donc être très difficile à mettre concrètement en œuvre par l'animalier. Aussi peut-il fonder un très hypothétique espoir d'extension de sa liberté de conscience sur la proposition de loi n° 650 « pour un droit à l'objection de conscience à l'expérimentation animale » spécialement destiné aux « étudiants et travailleurs des structures pratiquant l'expérimentation animale », qui a été présentée par le député Lionel Luca et enregistrée à la présidence de l'Assemblée nationale le 29 janvier 2008. Il est néanmoins probable que le Parlement n'examinera pas cette proposition, inspirée des exemples néerlandais et italien, tant que la France n'aura pas été condamnée, à la requête d'un animalier ou d'un étudiant courageux, par la Cour européenne des droits de l'Homme, susceptible de transposer à la question la solution qu'elle a affirmée par son arrêt Chassagnou c/France du 29 avril 1999 en faveur des opposants à la chasse.

Question – *Je pense qu'il y a dans ce problème de l'expérimentation animale le fait que beaucoup de chercheurs ne sont pas réellement au contact avec la réalité des animaux et de l'expérimentation animale. Pour eux, l'utilisation de l'animal pour l'expérimentation ne se pose pas en termes concrets comme chez ceux qui s'occupent des bêtes ou qui font les manipulations. C'est une source d'incompréhensions et de tensions. Je ne sais pas si un statut juridique accordant la personnalité juridique aux animaux modifiera les choses de ce point de vue.*

Jean-Pierre Marguénaud – Cette question rend dramatiquement concret le clivage entre ceux qui réalisent les manipulations qu'ils ont rarement conçues et ceux qui les conçoivent sans les réaliser souvent parce qu'ils sont trop absorbés par des activités administratives. On voit bien qu'il y a un fossé entre les grands stratèges pour qui les animaux ne sont que du matériel vivant, réduit à une pure abstraction dépourvue de sensibilité et les exécutants qui ont directement affaire à des êtres sensibles, souvent condamnés, avec qui ils ont eu parfois le temps de tisser des liens affectifs. Or la personnalité technique des animaux pourrait justement améliorer un peu les choses même de ce point de vue. En affirmant que les animaux de laboratoire ne sont pas du matériel vivant mais des personnes qui doivent elles aussi être protégées pour elles-mêmes grâce à des représentants, elle pourrait conduire à renforcer le rôle à ceux qui sont les plus proches d'eux. Elle pourrait ainsi conduire à ajouter les animaliers à la liste des représentants des animaux car, dans l'univers très secret des centres d'expérimentation, ils sont souvent les mieux à même d'apprécier la gravité ou l'ignominie des traitements qu'on leur fait subir. On voit par là que la personnalité animale, tout en laissant intacte la hiérarchie entre les animaux et les hommes, pourrait parfois entraîner une certaine perturbation des rapports hiérarchiques entre les hommes. Les structures chargées du bien-être des animaux, dont la mise en place est appelée par l'article 26 de la directive du 22 septembre 2010, devraient de toute façon conduire à donner plus de poids à la parole et à l'opinion de ceux qui sont les plus proches des bêtes, ainsi que l'ont suggéré Raphaël Larrère[85], ainsi qu'Evelyne Lhoste et Béatrice de Montera[86], relayés dans l'ouvrage de Vinciane Despret[87].

---

[85] Larrère R., 2002. Éthique et expérimentation animale. *Natures Sciences Sociétés,* 10, 1 : 24-32.

[86] Lhoste E. et de Montera B., à paraître en 2011. L'expérimentation animale : une responsabilité à dire et à partager. *Natures Sciences Sociétés.*

[87] Despret V., 2009. *Penser comme un rat.* Paris, éditions Quae (Sciences en questions), p. 50.

Question – *Je représente l'Inra dans un Comité d'éthique d'expérimentation animale régional. Considérez-vous que les comités d'éthique constituent un progrès par rapport à une situation où il n'y avait rien ? Finalement les personnes qui y participent ne sont pas aux ordres. Elles sont formées, informées et jugent en leur âme et conscience. Il est vrai que ce dont elles discutent peut s'apparenter davantage à un respect de la réglementation, des autorisations ou de la conformité des locaux, à un choix du bon médicament pour l'anesthésie, ou à des questions sur le nombre des animaux ou sur l'existence de méthodes alternatives. Ces questions sont posées aux chercheurs mais nous n'allons guère plus loin.*

Jean-Pierre Marguénaud – Je tiens à souligner, avec la dernière énergie, que les comités d'éthique, même si l'on y réduit l'éthique à un corps de règles de bonne conduite professionnelle, ont constitué une avancée considérable pour la protection des animaux d'expérience. Ils ont aidé à prendre conscience des problèmes, à les formuler clairement et à ébaucher certaines solutions. Seulement, ils ne permettent pas d'aller « guère plus loin ». Tout en rendant hommage aux immenses services qu'ils ont rendus dans le prolongement des idées de Russel et Burch, il est donc temps de leur substituer, conformément aux prescriptions de la nouvelle directive du 22 septembre 2010, des comités plus impartiaux et plus juridiques qui permettront d'aller plus loin dans la mise en œuvre des solutions.

Question – *Quand vous réclamez un débat, je suis un peu gêné. En essayant d'intervenir dans des forums, on est confronté à des gens qui sont totalement contre toute forme d'expérimentation animale. Ils refusent de discuter. Ils sont souvent aussi végétariens et contre toute forme d'utilisation de l'animal. Avec nous, qui mangeons de la viande et faisons de l'expérimentation animale, j'ai l'impression que le débat ne peut pas avoir lieu, que c'est un dialogue de sourds et que, de toute façon, il n'y aura jamais de compromis. C'est pourquoi nous hésitons à débattre. Nous avons fait effectivement beaucoup d'efforts au niveau de l'éthique. Les animaliers ont ici un droit de retrait s'ils jugent* *que l'expérience est trop douloureuse ou trop dure pour les animaux. Énormément de choses se mettent en place. Mais si l'on pousse le bouchon trop loin, on ne peut pas arriver à un débat serein.*

Jean-Pierre Marguénaud – Soigneusement tenu à l'écart du Comité national de réflexion éthique sur l'expérimentation animale parce que mes prises de position sur les questions animalières portent à redouter que je ne fasse pas preuve, en toute occasion, de la docilité raisonnable qui sied au juriste ; impitoyablement qualifié « d'intellectuel bourgeois » par des représentants du mouvement de libération animale, je crois pouvoir confirmer qu'effectivement il n'est pas facile d'avoir un débat serein sur la question de l'expérimentation animale. Pourtant, il va bien falloir que ce débat ait lieu, justement parce que nous sommes en train de sortir du temps de l'éthique, entendue comme un corps de règles de bonne conduite professionnelle grâce à laquelle de bonnes voire de belles choses ont effectivement été faites, pour entrer dans le temps du droit, plus contraignant. S'il était encore question de simple éthique professionnelle, les expérimentateurs auraient le choix de se replier sur leurs positions parce que l'on aurait poussé le bouchon trop loin sous la pression des défenseurs des animaux. Or la nouvelle directive, qui a méthodiquement gommé toutes les références à l'éthique dont on avait voulu la surcharger, rend impossible toute velléité des scientifiques de se murer dans le silence pour empêcher des débats qui iraient trop loin. Devenue une directive relative à la protection des animaux utilisés à des fins scientifiques, qui érige le bien-être animal en valeur de l'Union européenne et admet elle-même n'être qu'une étape importante vers l'objectif final du remplacement total des procédures appliquées à des animaux vivants, elle a déjà poussé le bouchon bien loin et va bien obliger tout le monde à débattre pour apprécier, conformément aux prescriptions de son article 16 §2b, si un projet est en conformité avec les exigences de remplacement, de réduction et de raffinement. Elle va bien obliger tout le monde à débattre pour aboutir, avant le 10 novembre 2017, à son propre réexamen en tenant compte des progrès dans la mise au point des méthodes alternatives.

Question - *Vous avez proposé d'accorder aux animaux un statut juridique inspiré de celui de la personne morale. Pour justifier votre point de vue vous avez dit, d'une part que tout comme les entreprises, les syndicats ou les associations, les animaux ont des intérêts, ce qui est vrai. D'autre part vous avez dit que si, comme les personnes morales, ils ne sont pas capables de défendre ces intérêts eux-mêmes, ils peuvent avoir des porte-paroles qui les défendent en justice. Cela pose la question des porte-paroles légitimes. Quels seront les avocats de ces animaux ? Et ne risque-t-on pas d'entrer dans des conflits de légitimité entre avocats potentiels ?*

Jean-Pierre Marguénaud – Il faut tout d'abord dissiper un petit malentendu à propos du rapprochement, sous la bannière de la personnalité morale, des animaux et des entreprises. Les entreprises sont effectivement constituées, dans leur immense majorité, sous la forme de personnes morales, mais c'est parce que leurs dirigeants ont fait l'effort d'accomplir les lourdes formalités nécessaires pour les faire accéder au statut d'une catégorie préconstituée de personnes morales telles que la société anonyme ou la société à responsabilité limitée. En revanche, l'entreprise en tant que telle n'est pas une personne morale bien qu'elle ait un intérêt distinct. En effet, la célèbre thèse de Michel Despax[88] qui tendait à la lui reconnaître, n'a pas été consacrée par le droit positif, notamment parce que son intérêt, écartelé entre les salariés et l'entrepreneur, n'est pas suffisamment homogène. L'homogénéité de l'intérêt de l'animal, qui souffre par lui-même, ne fait en revanche pas le moindre doute. Techniquement, la personnalité juridique de l'animal a donc de meilleurs titres à faire valoir que la personnalité juridique de l'entreprise. Techniquement toujours, la détermination des porte-paroles de

[88] Despax M., 1957. *L'entreprise et le droit*. Thèse. Bibliothèque de droit privé. Paris, LGDJ.

l'animal sur la scène juridique ne soulève pas non plus de difficultés particulières. Rappelons simplement qu'ils sont déjà désignés par l'article 2-13 du code de procédure pénale suivant lequel « toute association régulièrement déclarée depuis au moins cinq ans à la date des faits et dont l'objet statutaire est la défense et la protection des animaux peut exercer les droits reconnus à la partie civile en ce qui concerne les infractions réprimant les sévices graves ou actes de cruauté et les mauvais traitements envers les animaux ainsi que les atteintes volontaires à la vie d'un animal… », et par l'article 544 du Code civil qui permet au moins à ceux qui sont encore dénommés propriétaires de défendre leur animal contre les tiers qui lui infligent des souffrances. Quant aux conflits de légitimité entre avocats potentiels, ils ne risquent pas d'être plus insurmontables que ceux qui peuvent, par exemple, surgir entre les parents d'un enfant mineur et les associations régulièrement déclarées depuis au moins 5 ans dont l'objet statutaire comporte la défense ou la protection de l'enfant en danger qui, aux termes de l'article 2-3 du même code de procédure pénale, peuvent exercer les droits reconnus à la partie civile en ce qui concerne les atteintes volontaires à la vie et à l'intégrité, les agressions et autres atteintes sexuelles commises sur la personne d'un mineur.

Question – *Je crois que la Communauté européenne fait un gros effort pour solliciter, avec la prochaine directive, l'appui d'un réseau de laboratoires pour développer des méthodes alternatives. Ce sera peut-être un loupé. Nous ne sommes pas allés assez vite, mais nous n'allons jamais assez vite dans bien d'autres domaines. Là, il va falloir certainement accélérer les recherches sur les méthodes alternatives. Qui dit méthodes alternatives dit que, dans un domaine particulier, si nous pouvons trouver une autre solution que l'expérimentation sur les animaux tout aussi valide d'un point de vue scientifique, c'est très bien et il faut utiliser cette solution. Mais ce n'est pas une solution universelle. Un être vivant, qu'il soit humain ou animal, c'est un tout et pour bien des domaines, il est encore très difficile d'envisager l'idée de remplacer l'organisme, ce tout complexe avec toutes ses interactions (hormonales* *et autres), par un tapis cellulaire. Nous n'en sommes pas là. Il y aura toujours besoin d'expérimenter sur des animaux, ne serait-ce que pour des raisons réglementaires et pour ne pas expérimenter directement sur l'homme. L'idée est de faire avancer les méthodes alternatives par un laboratoire de référence européen et surtout par un réseau de laboratoires dans chaque État membre. Des priorités ont été données en ce domaine. Là, je crois qu'il y a une réelle prise de conscience de façon à essayer de rattraper un peu le retard pris. Il n'est pas question, d'autre part, de prendre des risques du point de vue de la validation. Il faut que toutes les méthodes qui seront ensuite officialisées soient tout à fait valides du point de vue scientifique.*

Jean-Pierre Marguénaud – Cette question invite à mettre en évidence un des changements les plus importants survenus entre la proposition de directive présentée par la Commission le 5 novembre 2008, et la nouvelle directive finalement adoptée le 22 septembre 2010 et publiée au Journal officiel de l'Union européenne le 20 octobre 2010.

Pour accélérer la mise au point de méthodes alternatives ou, en tout cas, tenter de combler une partie du retard accumulé en ce domaine crucial, la proposition de la Commission en appelait à la désignation par chaque État d'un laboratoire de référence national pour les méthodes de substitution, chargé de coopérer avec la Commission, de prendre part à la prévalidation et à la validation des méthodes de substitution sous la coordination de la Commission, de communiquer aux autorités concernées les informations sur la disponibilité et l'application de méthodes de substitution. La nécessité de coordonner et de synthétiser les travaux et les observations de 27 comités nationaux de cet acabit donnait pratiquement l'assurance que l'appui d'un réseau de laboratoires nationaux conduirait à un « loupé » du développement des méthodes alternatives. Aussi, dans le texte définitif, les laboratoires de référence nationaux pour les méthodes de substitution ont-ils laissé place au laboratoire de référence de l'Union européenne, institué par l'article 48 de la directive dont le fonctionnement et les tâches sont définis par l'annexe VII qui leur est entièrement consacrée. Sous l'impulsion de cet organisme central, qui est le Comité commun de recherche de la Commission, il est possible que la mise au point de méthodes de substitution avancera un peu plus vite. Toutefois, les pressions économiques et concurrentielles, que l'on peut aisément supputer, et la force des habitudes conduiront très probablement à empêcher une claire prise de conscience de ce que la nouvelle directive n'est qu'une étape importante vers la réalisation de l'objectif final que constitue le remplacement total des procédures appliquées à des animaux vivants. Aussi, ne serait-il pas étonnant que la prochaine directive, qui au plus tard le 10 novembre 2017 devra procéder à un réexamen en fonction des progrès réalisés, soit obligée de faire planer la seule menace susceptible de permettre d'atteindre l'objectif final : la fixation d'un délai (2030, 2035 ?) au delà duquel seule l'utilisation des méthodes alternatives sera en principe autorisée. On peut donc se poser la question s'il ne conviendrait pas d'étendre à la recherche scientifique l'interdiction de principe de réaliser dans l'Union européenne, à compter du 11 juillet 2013, des expérimentations animales portant sur des produits cosmétiques finis ou sur des ingrédients ou combinaisons d'ingrédients qui a été édictée par l'article 18 du règlement n° 123/2009, daté du 30 novembre 2009, du Parlement et du Conseil européens relatif aux produits cosmétiques.

Question – *Vous dites avoir constaté une évolution dans la communauté des scientifiques : avant, tout le monde aurait été d'accord sur le fait qu'on devait librement expérimenter sur l'animal, surtout à des fins médicales, alors que maintenant, des voix s'élèveraient dans un sens différent. N'y a-t-il pas dans votre affirmation un problème d'échantillonnage ? Est-ce que l'échantillonnage était suffisant jadis ? Ne négligeait-il pas des points de vue minoritaires ? Si l'échantillonnage a balayé plus large depuis lors, on a pu récupérer des avis qui sont aux marges de la distribution. On ne décrit pas une distribution par ses extrêmes et encore moins par un de ses extrêmes. Sans doute y a-t-il eu depuis longtemps une minorité de scientifiques sceptiques ou hostiles à l'expérimentation animale. Mais il y a toujours eu* *aussi un extrême opposé à ces voix contre la vivisection : des scientifiques qui n'hésitent pas à faire de l'expérimentation sur l'homme. Sachez que la pilule a été expérimentée directement sur les femmes. L'expérimentation humaine existe donc aussi. Il y a eu des cas très problématiques avec la thérapie génique. Mais la majeure partie des scientifiques considère que l'expérimentation animale est indispensable, justement pour ne pas avoir à expérimenter sur des humains. N'oublions surtout pas cela. Pour une distribution, il faut donner sa moyenne, sa médiane, son écart-type et le poids respectif de ses extrêmes, surtout quand certains d'entre eux ont droit à la parole parce qu'ils sont agissants, qu'ils écrivent des livres et qu'ils font parler d'eux. Là, on finit par avoir une vision très déformée de l'opinion elle-même. C'est un problème de société en général.*

Jean-Pierre Marguénaud – Pour un juriste, cette question construite à partir d'échantillonnage, d'écart-type, de distribution, de médiane, de poids respectifs des extrêmes, est avant tout une fulgurante leçon de sciences dures. En tant que leçon de démocratie, elle est peut-être un peu moins transcendante, car elle donne clairement à comprendre que la démocratie scientifique est d'abord une démocratie moutonnière et que jamais la bonne direction ne peut être correctement indiquée par des extrémistes archi-minoritaires tels que Copernic ou Galilée pour s'en tenir à deux exemples qui ne supposent aucune connaissance particulière en histoire des sciences. De toute façon, il ne s'agit pas de prendre parti pour les scientifiques hostiles à l'expérimentation animale et contre les majoritaires qui la défendent comme principale planche de salut de l'humanité tout entière : il s'agit seulement d'expliquer un changement de position personnelle. Alors que j'avais cru, il y a 25 ans, que la communauté scientifique était à peu près unanime à considérer que les expériences sur les animaux sont inévitables, je me suis rendu compte que cette unanimité n'existe pas ; ce qui ne peut pas rester sans influence sur l'approche juridique de la question. Une récente conférence poitevine de l'historien Éric Baratay m'a d'ailleurs persuadé que j'aurais dû prendre conscience bien plus tôt de ce que les scientifiques ont été longtemps et profondément divisés sur la question et que c'est seulement l'influence exorbitante et persistante de François Magendie et de Claude Bernard qui a fini par faire croire à un unanimisme de façade. Afin que d'autres « ne tombent pas dans le panneau », j'en viens parfois à me demander si la manière la plus pacifique et aussi la plus fortement symbolique de remettre efficacement en cause l'expérimentation animale ne serait pas de travailler à ce que les autorités municipales et universitaires changent le nom des rues ou des universités Claude Bernard... Quant à l'argument de la nécessité absolue de maintenir l'expérimentation animale pour empêcher qu'il ne soit directement procédé à l'expérimentation humaine, il mériterait d'être discuté en introduisant le moyen terme des solutions alternatives et la distinction à partir du critère de l'absence de consentement de trop d'êtres humains et de tous les animaux à l'expérimentation. Comme il fait discrètement allusion à la traditionnelle affirmation suivant laquelle les nazis prohibaient l'expérimentation animale dans les camps où les hommes servaient de cobayes, il devra en outre être abordé en fonction des patients travaux d'Élisabeth Hardouin-Fugier démontrant qu'il s'agit là d'une désinformation récurrente[89].

Question – *Sans doute est-il difficile d'apprécier l'évolution du point de vue des scientifiques, mais il faut tout de même reconnaître que, dans les faits, il y a eu une modification importante de la façon d'aborder cette question. Nous prenons aujourd'hui en compte la douleur, ce qui n'était pas le cas au milieu du* XX*e* *siècle. Mais à la même époque, les scientifiques et les médecins ne se préoccupaient guère plus de la douleur humaine. Il y eut même une belle polémique au sujet de l'accouchement*

[89] Hardouin-Fugier É., 2009. Naissance de la protection animale en droit européen. In : Marguénaud J.-P. et Dubos O. (éd.). *Les animaux et les droits européens. Au-delà de la distinction entre les hommes et les choses*. Paris, Pedone, spécialement pp. 31-35 ; La vivisection est supprimée en Allemagne. Recyclage et exploitation d'une désinformation récurrente (1933-2009), 2009. *RSDA*, 1 : 207.

sans douleur. Il est certain que les mentalités changent et qu'aujourd'hui on prend en compte la douleur chez les hommes comme chez les animaux.

Jean-Pierre Marguénaud – Cette prise en compte parallèle et concomitante de la douleur animale et de la douleur humaine qui étaient l'une et l'autre laissées au second plan, même et y compris par le droit, est effectivement une modification de la plus grande importance. Elle rejoint d'ailleurs une formule lumineuse et avant-gardiste délivrée en 1909 par René Demogue, à qui la thèse de la personnalité juridique de l'animal a presque tout emprunté, et pas seulement d'un point de vue technique. Je tiens à la rappeler : « Le droit apparaît comme un immense syndicat de luttes contre les souffrances, entre tous les êtres qui sont pitoyables, parce qu'il peut leur être fait du mal ; beaucoup de mal, bien qu'ils soient souvent, par la force même des choses, les artisans de leurs propres malheurs. Le droit, cette chose toute intellectuelle en apparence, attire donc par les attaches très étroites qu'il a, dans son but, avec les facultés émotionnelles[90] ».

Question – *Dans la prochaine directive, les projets seront eux-mêmes autorisés et cela se fait déjà dans certains pays comme l'Allemagne. Cela veut bien dire que nous aurons un droit de regard sur les protocoles. Est-ce que le nombre des animaux est justifié ou non ? Qu'est-ce qui est fait pour éviter la douleur ? Quelles mesures sont prises pour compenser les traitements douloureux ou stressants ? Nous nous orientons vers une évaluation plus fine des protocoles eux-mêmes. Bien sûr, il faudra éviter les agréments béni-oui-oui. Il est vrai que nous sommes encore très loin de ce schéma-là. Nous n'en sommes pas encore à autoriser chaque projet – je parle des projets qui recoupent plusieurs petits protocoles de même type. Mais dès aujourd'hui, nous étudions néanmoins les projets qui nous sont soumis et nous en discutons. Il faut dire – et c'est quelque chose qui a beaucoup joué – que*

---

[90] Demogue R., 1909. La notion de sujet de droit. *Revue trimestrielle de droit civil*, 620.

de plus en plus de revues scientifiques demandent, pour accepter un article qui leur est soumis, de disposer d'un compte-rendu d'un comité d'éthique d'expérimentation animale. Prochainement, nous serons amenés à ce qu'une autorité compétente les autorise. Le comité d'éthique donnera son avis. C'est un avis parmi d'autres éléments à prendre en considération dans une autorisation de projet. Parmi les autorités compétentes, il y aura à définir justement ce qui permettra de donner un feu vert par rapport à l'ensemble des projets.

Jean-Pierre Marguénaud – Il semble que les « exigences relatives aux projets », imposées par la section III de la nouvelle directive désormais publiée au Journal officiel de l'Union européenne, appelleront des changements beaucoup plus profonds que ceux que cette question anticipe. Ainsi l'article 36 de la directive exige-t-il des États qu'ils veillent à ce que les projets ne soient pas exécutés sans autorisation préalable de l'autorité compétente et qu'ils s'assurent qu'aucun projet n'est exécuté sans avoir reçu une évaluation favorable par l'autorité compétente. Il faut donc distinguer l'autorisation préalable et l'évaluation favorable. L'autorisation préalable, qui constitue une innovation majeure, peut être remplacée par une procédure administrative simplifiée organisée par l'article 42 pour les projets contenant des procédures de classe « sans réanimation », « légère » ou « modérée » et n'utilisant pas de primates non humains. En revanche, l'évaluation favorable est toujours nécessaire[91] et constitue plus qu'un simple avis : sans elle il n'y aura pas de « feu vert ». Minutieusement organisée par l'article 38, elle constitue donc la clé de voûte du nouveau dispositif. Il importe donc de redire avec insistance qu'elle n'est pas qualifiée d'évaluation éthique et de souligner que les conditions auxquelles elle est subordonnée sont nombreuses et rigoureuses puisque l'appréciation de la conformité du projet avec les exigences de la règle des 3 R est, notamment, prescrite. Il est en outre prévu que l'évaluation

[91] Cf. l'article 36 §2 et l'article 42 §2b de la nouvelle directive.

favorable soit assortie d'une appréciation rétrospective[92] réalisée selon les modalités fixées par l'article 38 à un moment prédéterminé. Toutes les parties concernées par l'expérimentation animale devront d'ailleurs prendre clairement conscience que, aux termes de l'article 59, l'autorité nationale compétente pour délivrer une telle évaluation favorable ne pourra être un organisme autre que les pouvoirs publics seulement si cet organisme « ne connaît aucun conflit d'intérêts ». Il faut néanmoins remarquer que, selon l'article 64, les États n'appliqueront pas ces nouvelles dispositions aux projets approuvés avant le 1er janvier 2013 et dont la durée ne s'étend pas au-delà du 1er janvier 2018. On peut donc s'attendre, jusqu'au 1er janvier 2013, à une véritable ruée des laboratoires pour obtenir, suivant les modalités de la directive de 1986 qu'ils connaissent si bien, la simple approbation éthique de projets à moyen terme.

Question – *Je me demande si le rôle des comités d'éthique est bien d'évaluer des protocoles et de donner un avis favorable, défavorable ou favorable sous conditions. Son rôle ne serait-il pas plutôt d'examiner ces protocoles, de discuter avec les scientifiques et le personnel technique, en faisant des recommandations, des remarques et des critiques ? Bref s'ils ne devraient pas être un lieu où l'on invite systématiquement les chercheurs à une réflexion critique sur leurs pratiques, à prendre en compte le point de vue de ceux qui sont chargés d'entretenir les animaux, à prendre conscience que certaines pratiques sont routinières et peuvent choquer ceux qui ne sont pas impliqués dans l'expérimentation animale. Je me demande si cela ne vaudrait pas mieux que de transformer ces comités d'éthique en une nouvelle instance d'évaluation. Les chercheurs croulent sous les évaluations. Ils passent une partie non négligeable de leur temps à se faire évaluer, à faire évaluer leurs projets pour obtenir les moyens de travailler et leurs articles pour se faire publier. Et*

[92] Cette appréciation est destinée à évaluer si les objectifs du projet ont été réalisés, à constater les dommages infligés aux animaux et à détecter les éléments qui peuvent contribuer à renforcer l'application des exigences des 3 R.

ils passent aussi une partie non négligeable de leur temps à évaluer les autres chercheurs, leurs projets ou leurs articles. Il y a un risque que, pour beaucoup de chercheurs, l'évaluation éthique des protocoles « en rajoute une couche de trop ». Ce serait dommage.

Jean-Pierre Marguénaud – À lire attentivement la nouvelle directive, on pourrait dire que ses auteurs ont mis toute leur application et tout leur coeur à conjurer ce risque de transformation des comités d'éthique en nouvelle instance d'évaluation. Il ne s'agit plus en effet d'évaluation éthique et il n'y est pas procédé par un comité d'éthique mais par une autorité compétente. D'ailleurs l'article 38, qui énumère les critères et conditions auxquels l'évaluation favorable doit répondre, ne commande plus de tenir compte de « considérations éthiques » que pour l'analyse dommage-avantage du projet visant à apprécier si le dommage infligé aux animaux en termes de souffrance, de douleur et d'angoisse est justifié par les résultats escomptés. En toute logique, il n'y a aucun risque que l'évaluation éthique des protocoles ne vienne à « en rajouter une couche de trop ». La formulation de la question, présupposant que tout naturellement les chercheurs eux-mêmes ont vocation à composer les comités d'éthique, laisse cependant poindre la gravité des enjeux de la transposition de la directive. Puisque les comités d'éthique sont, au fond, le moyen pour un monde replié sur lui-même de se donner meilleure conscience, il est probable en effet que les expérimentateurs et leurs commanditaires, redoutant davantage la perte de la liberté que la chronophagie, se battront avec la dernière énergie pour convaincre les pouvoirs publics que les comités d'éthique, dont ils ont spontanément favorisé l'émergence, sont tout indiqués pour être désignés comme autorités compétentes pour l'accomplissement des tâches d'autorisation et d'évaluation assignées par la nouvelle directive.

Quant à l'autre rôle plus novateur de lieu de réflexion critique sur les pratiques quotidiennes des expérimentateurs qu'il vaudrait mieux faire jouer aux comités d'éthique, il vient d'être dévolu par la nouvelle directive aux structures chargées du bien-être des animaux qui devront effectivement comprendre les personnes responsables du bien-être des animaux et des soins qui leur sont donnés. Décidément, il ne reste plus grand rôle à jouer pour l'éthique ramenée à une compilation de règles de bonne conduite professionnelle, considérée comme un moyen de mieux sauvegarder l'expérimentation animale en adoucissant ses modalités de réalisation. Aussi n'existe-t-il plus qu'une seule voie, royale, pour les comités d'éthique de justifier leur utilité : réfléchir non plus sur les modalités de l'expérimentation animale mais sur son bien-fondé eu égard aux progrès et aux retards de la mise au point de méthodes alternatives.

Question – *Je suis aussi persuadé qu'il faut trouver un statut juridique capable de protéger les animaux de traitements jugés inadmissibles, et qu'il est à la fois incohérent et dommageable de les ranger dans la catégorie des biens et de reconnaître dans d'autres textes leur qualité d'êtres sensibles. Je m'interroge cependant sur l'efficacité d'un tel travail juridique. Je fréquente beaucoup les milieux de protection de la nature. Dans ce domaine, une loi de 1976 protège tous les spécimens des espèces qui figurent sur une liste limitative d'espèces protégées. Cette loi est doublement impossible à respecter. D'abord parce que, si tout un chacun est obligé de connaître la loi, il n'est pas obligé de connaître la botanique, l'ornithologie ou l'entomologie. Les contrevenants peuvent toujours plaider l'ignorance. Ensuite parce que l'on ne va tout de même pas surveiller tous les promeneurs dans les prairies et dans les bois. Les associations de protection de la nature ont appris à utiliser cette loi, souvent pour s'opposer à des projets ou à des investissements détruisant les habitats. Ils n'hésitent pas à déposer de multiples plaintes dont les tribunaux sont engorgés. Il n'est pas rare de devoir attendre cinq ou six ans pour que le juge prenne une décision. En définissant des droits, ne risque-t-on pas d'aboutir aussi à un engorgement des tribunaux ?*

Jean-Pierre Marguénaud – L'engorgement des tribunaux est un grave problème dont les causes sont multiples. Il est, pour beaucoup, le signe d'une déliquescence générale de la société sapée par l'individualisme forcené qui porte tout un chacun à essayer de convertir en droit concret et effectif le moindre de ses désirs. Il peut s'agir aussi d'une marque de confiance en la Justice avec un grand J, vers laquelle les justiciables ne se rueraient pas si elle ne les avait pas convaincus de son efficacité pour pacifier et réguler la vie en société. Il n'est pas impossible non plus que l'engorgement des tribunaux soit le plus sûr révélateur de l'insuffisance des moyens affectés par un État au service public de la justice. Une juridiction internationale, la Cour européenne des droits de l'Homme, est justement au centre de ce sujet depuis quelques années. Elle peut permettre, en quelques lignes, d'en saisir concrètement les enjeux et les prolongements. L'engouement qu'elle a suscité auprès des 800 millions de justiciables des 47 États du Conseil de l'Europe fait qu'elle croule sous le poids de près de 60 000 nouvelles requêtes annuelles, auxquelles elle doit faire face avec un budget dont on dit qu'il ne représente que la moitié de celui affecté au fonctionnement du palais de l'Élysée. La combinaison de l'engorgement galopant et de l'insigne pénurie des moyens ne laisse guère le choix qu'entre deux solutions : parvenir à un traitement collectif des affaires semblables ou refuser d'examiner les affaires considérées comme insignifiantes. Ces deux techniques sont d'ailleurs mises simultanément en place depuis quelques mois. Depuis l'arrêt *Broniowski c/Pologne* du 24 juin 2004[93], elle rend des arrêts auxquels elle a elle-même donné le nom d'arrêts pilotes par lesquels elle prescrit à l'État défendeur de prendre les mesures générales susceptibles de résoudre, en amont, les milliers d'affaires identiques dont elle est déjà saisie ou dont elle est sur le point d'être saisie. Depuis le 1er juin 2010, date d'entrée en vigueur du Protocole additionnel n° 14, elle vérifie, pour pouvoir admettre la recevabilité d'une requête, si la violation alléguée par le requérant lui a causé un préjudice important. C'est ainsi que, par une décision *Rinck c/France* du 17 novembre 2010, elle a

---

93 In : *Les grands arrêts de la Cour européenne des droits de l'Homme.* 5e édition, précitée, n° 72.

déclaré irrecevable la requête d'un automobiliste, qui se plaignait des conditions dans lesquelles il avait été frappé du retrait d'un point de son permis de conduire, parce que le retrait d'un seul point ne constituait pas un préjudice suffisamment important. Ce détour européen nous ramène au cœur de la question de savoir si multiplier des droits en faveur des animaux en en faisant de véritables personnes ne risque pas d'engorger les tribunaux. Elle pourrait, en effet, laisser sous-entendre que les questions relatives à la souffrance des animaux ne sont pas suffisamment graves pour que l'on prenne le risque d'en encombrer les tribunaux qui ont déjà tant de mal à faire face à leurs tâches les plus élémentaires. En période de crise économique généralisée, l'argument peut incontestablement avoir un impact considérable mais il est impuissant à retirer, comme par magie, leur gravité aux problèmes de souffrance des animaux, considérés comme des êtres sensibles et dont le bien-être est désormais une valeur de l'Union européenne. La reconnaissance d'une personnalité juridique technique aux animaux serait donc le plus sûr moyen d'affirmer que les questions qui les concernent ne sont pas des questions dérisoires que les tribunaux ne devraient même pas avoir à connaître. Il n'y a pas lieu de craindre qu'elle aggraverait les risques d'engorgement des tribunaux qui sont déjà saisis de très nombreuses affaires de mauvais traitements, de sévices graves ou d'actes de cruauté puisqu'elle tendrait surtout à rendre plus efficace l'application des textes protecteurs qui existent déjà, tout en facilitant l'émergence de techniques de traitement collectif d'affaires semblables correspondant à des pratiques généralisées dans les élevages, les transports, les abattoirs, les cirques, les arènes ou les laboratoires.

Références bibliographiques

Birnbaum J. (éd.), 2010. *Qui sont les animaux ?* Paris, Gallimard.

Burgat F., 2004. L'animal dans nos sociétés. In : *Problèmes politiques et sociaux*. Dossier n° 896. Paris, La Documentation française.

Burgat F., 2009. Expérimentation animale : « un mal nécessaire ». *Revue Semestrielle de Droit Animalier*, 1 : 193. Publication en ligne de la faculté de droit et des sciences économiques de Limoges, Observatoire des mutations institutionnelles et juridiques de Limoges.

Cavalieri P., 2000. Les droits de l'Homme pour les grands singes non humains ? *Le Débat*, 108, janvier-février : 156.

Demogue R., 1909. La notion de sujet de droit. *Revue Trimestrielle de Droit Civil*, 611.

Desmoulin S., 2006. *L'Animal entre science et droit*. Aix-en-Provence, PUAM.

Despret V., 2009. *Penser comme un rat.* Versailles, éditions Quæ (Sciences en questions).

Fabre-Magnan M., 2010. *Introduction au droit.* Paris, PUF (Que sais-je ?).

Feinberg J., 1980. *Rights, Justice and the Bounds of Liberty*. Princeton, Princeton University Press.

Hardouin-Fugier É., 2009. Naissance de la protection animale en droit européen. In : Marguénaud J.-P. et Dubos O. (éd.). *Les animaux et les droits européens. Au-delà de la distinction entre les hommes et les choses*. Paris, Pedone, p.21.

Hermitte M.-A., 2000. Les droits de l'Homme pour les humains, les droits du singe pour les grands singes. *Le Débat*, 108, janvier-février : 168.

Jeangène Vilmer J.-B., 2008. *Éthique animale*. Paris, PUF.

Larrère R., 2002. Éthique et expérimentation animale. *Natures Sciences Sociétés*, 10, 1 : 24-32.

Lejeune M. et Touraine J.-L., 2009. *L'expérimentation animale en Europe. Quelles alternatives ? Quelle éthique ? Quelle gouvernance ?* Rapport du 9 décembre 2009 rédigé au nom de l'Office parlementaire d'évaluation des choix scientifiques et technologiques, portant le n° 2145 comme rapport de l'Assemblée nationale (treizième législature) et le n° 155 comme rapport du Sénat (session ordinaire 2009-2010).

Lhoste E., de Montera B., à paraître en 2011. L'expérimentation animale : une responsabilité à dire et à partager. *Natures Sciences Sociétés.*

Marguénaud J.-P., 1992. *L'animal en droit privé*. Paris, PUF.

Nerson R., 1963. La condition de l'animal au regard du droit. Paris, Dalloz, p. 1.

Renard J.-P., 2009. Les animaux de ferme dans l'expérimentation animale. *Revue Semestrielle de droit Animalier*, 1 : 177. Publication en ligne de la faculté de droit et des sciences économiques de Limoges, Observatoire des mutations institutionnelles et juridiques de Limoges.

Sudre F., Marguénaud J.-P., Andriantsimbazovina J., Gouttenoire A., Levinet M., 2009. *Les grands arrêts de la Cour européenne des droits de l'Homme*. Paris, PUF.

Vial G. et Vergès É., 2009. La régulation des recherches pré-cliniques : une analyse humaniste de la protection des animaux d'expérimentation par le droit et l'éthique. *Revue Semestrielle de Droit Animalier*, 1 : 185. Publication en ligne de la faculté de droit et des sciences économiques de Limoges, Observatoire des mutations institutionnelles et juridiques de Limoges.

Table des matières

Ouvrages parus dans la même collection

Les mondes de l'agriculture
Une recherche pour demain
M. Sebillotte, 1996, 260 p.

Société et révolution biologique
Pour une éthique de la responsabilité
A. Kahn, 1996, 96 p.

Entre savoir et décision, l'expertise scientifique
R. Roqueplo, 1997, 112 p.

L'expérience et le modèle
Un discours sur la méthode
J.-M. Legay, 1997, 112 p.

Les usages sociaux de la science
Pour une sociologie clinique du champ scientifique
P. Bourdieu, 1997, 80 p.

La fin du « tout génétique »
Vers de nouveaux paradigmes en biologie
H. Atlan, 1999, 96 p.

Les savants croient-ils en leurs théories ?
Une lecture philosophique de l'histoire des sciences cognitives
J.-P. Dupuy, 2000, 136 p.

Le métier de chercheur
Regard d'un anthropologue
2e édition revue et corrigée
B. Latour, 2001, 108 p.

Les harmonies de la nature à l'épreuve de la biologie
Évolution et biodiversité
P.-H. Gouyon, 2001, 96 p.

L'évaluation du travail à l'épreuve du réel
Critique des fondements de l'évaluation
C. Dejours, 2003, 84 p.

Science, argent et politique
Un essai d'interprétation
D. Pestre, 2003, 204 p.

Se libérer de la matière ?
Fantasmes autour des nouvelles technologies
B. Bensaude-Vincent, 2004, 94 p.

L'analyse des risques
L'expert, le décideur et le citoyen
B. Chevassus-au-Louis, 2007, 96 p

À quoi sert l'histoire des sciences ?
M. Morange, 2008, 72 p.

Agronomes et paysans
Un dialogue fructueux
A. Pochon, 2008, 72 p.

De la protection de la nature au pilotage de la biodiversité
P. Blandin, 2009, 124 p.

Complexité aléatoire et complexité organisée
J.-P. Delahaye, 2009, 76 p.

Science et communication : pour le meilleur ou pour le pire ?
M. Claessens, 2009, 176 p.

Penser comme un rat
V. Despret, 2009, 96 p.

Biotechnologie, nanotechnologie, écologie
Entre science et idéologie
M.-H. Parizeau, 2010, 88 p.

L'écologie des autres
L'anthropologie et la question de la nature
Philippe Descola, 2010, 112 p.

Imprimé en France. - JOUVE, 1, rue du Docteur Sauvé, 53100 MAYENNE
N° 653844L. - Dépôt légal : avril 2011